「御絵伝」の絵解き

鎌田宗雲 著

永田文昌堂

四幅の御絵伝

四幅の御絵伝　第一幅の要旨

第五図　蓮位夢想（『御伝鈔』上巻第四段）
蓮位が感得した夢想

第四図　六角夢想（『御伝鈔』上巻第三段）
六角堂（頂法寺）の夢想

第三図　吉水入室（『御伝鈔』上巻第二段）
法然門下に入門

第二図　出家学道(2)（『御伝鈔』上巻第一段）
慈円僧都の坊舎・お得度

第一図　出家学道(1)（『御伝鈔』上巻第一段）
慈円僧都の坊舎・中門の内外

（山口教区白滝組専修寺蔵）

四幅の御絵伝　第二幅の要旨

第四図　入西観察（『御伝鈔』上巻第八段）
絵師定禅法橋の夢想

第三図　信心諍論（『御伝鈔』上巻第七段）
吉水草庵・信心一異の諍論

第二図　信行両座（『御伝鈔』上巻第六段）
吉水草庵・信行分判

第一図　選択付属（『御伝鈔』上巻第五段）
吉水草庵・『選択集』付属と影像の図画

（山口教区白滝組専修寺蔵）

四幅の御絵伝　第三幅の要旨

第六図　弁円済度（『御伝鈔』下巻第三段）
稲田草庵・弁円の帰依

第五図　稲田興法（『御伝鈔』下巻第二段）
稲田草庵の教化

第四図　師資遷謫⑷（『御伝鈔』下巻第一段）
親鸞の配流

第三図　師資遷謫⑶（『御伝鈔』下巻第一段）
法然の配流

第二図　師資選謫⑵（『御伝鈔』下巻第一段）
御所仁寿殿・九卿の評定

第一図　師資選謫⑴（『御伝鈔』下巻第一段）
専修念仏の停止

（山口教区白滝組専修寺蔵）

四幅の御絵伝　第四幅の要旨

第五図　大谷廟堂創立（『御伝鈔』下巻第七段）
京都東山・墓所の創立

第四図　洛陽遷化⑵（『御伝鈔』下巻第六段）
延仁寺・荼毘

第三図　洛陽遷化⑴（『御伝鈔』下巻第六段）
善法坊・ご往生

第二図　熊野霊告（『御伝鈔』下巻第五段）
熊野権現・平太郎感得の夢告

第一図　箱根霊告（『御伝鈔』下巻第四段）
箱根権現・神官から饗応をうける

（山口教区白滝組専修寺蔵）

はじめに

親鸞没後から三十二年が過ぎた永仁《えいにん》二年（一二九三）に、曽孫《ひまご》の覚如《かくにょ》は『報恩講式（私記《しき》）』を、翌年の永仁三年の十月に『御伝鈔』を著しました。そして、永仁二年十一月に本願寺で親鸞の三十三回忌法要を勤めています。この時、浄土真宗で初めて報恩講の名称がつかわれました。また、永仁三年に『御伝鈔』に対応した絵巻物を制作しました。この絵巻物ができあがって披露をすると、門弟たちがとてもよろこんだようです。そこで、もっと制作してほしいという懇願がありました。次第に『御伝鈔』は内容を増補・改訂をしています。

絵巻物の詞書《ことばがき》は拝読用の『御伝鈔』とし、「御絵伝」は本堂内陣の余間《よま》に奉懸《ほうけん》する掛軸に分離しました。寺院は康永《こうえい》二年の『御伝鈔』を正本として拝読し、余間に四幅の「御絵伝」（あるいは二幅の御絵伝）を奉懸しています。

あるお寺の報恩講のご縁でした。「内陣の奥にかけているあのお軸はなんですか？」と、聞かれたことがありました。「御絵伝」が『御伝鈔』の内容に対応して、親鸞の生涯を描いていることを知らない人がいたのです。それではあまりにもったいないことです。そこで「御絵伝」の絵解《えと》きを簡単に書いてみました。本書がご住職、ご門徒、そして、布教使の先生に役にたてることができるならば幸甚です。文中に敬語をもちいるべき人物に、文勢の都合から敬語を用いておりません。心苦しいのですが、お許しください。

本書に使用させてもらった「御絵伝」の画像データは、山口教区基幹運動推進委員会発刊の『御絵伝に見る　親鸞聖人のご生涯』です。それを使用する許可をいただくことができました。この美しい画像を通して、親鸞の生涯を辿り、その生きざまにふれてみてください。時空をこえて、覚如が伝えたい親鸞の生きざまが伝わってくることでしょう。ありがたいことです。画像データの使用許可をくださった山口教区基幹運動推進委員会に深く御礼申しあげます。

末筆ですが、おそらく本書は私の最後の著作となると思います。若いときから今まで至らぬ私を導いてくださった、京都・永田文昌堂社主の永田悟氏の変わらぬ友情に心から感謝を申しあげます。

合掌

二〇二一年七月

著　者

目次

「御絵伝」の絵解き

『御伝鈔』と「御絵伝」の基礎知識

『御伝鈔』（正式名称は『本願寺聖人親鸞伝絵』）

覚如は二十一歳のときに、父・覚恵（日野広綱と覚信尼の子）と関東八ヶ国と奥州の遺弟をたずねる旅をしました。二年余りをかけて、親鸞ゆかりの土地の参拝と親鸞の謦咳《けいがい》に接した遺弟と面談をして、親鸞にまつわる逸話の聞き取りを調査しました。また、その間に如信（善鸞の子、親鸞の孫）に面会をしています。そのフィールドワークを終えて五年が過ぎた永仁三年（一二九五）十月に、聞き取った素材を十三段にわけて整理した『善信聖人絵』（『御伝鈔』）を書きあげました。史上初の親鸞伝記です。それ以後は題名を『善信聖人親鸞伝絵』、『本願寺聖人親鸞伝絵』と変えています。この親鸞伝記は四十八年の歳月をかけて増補・改訂をくりかえして、親鸞の生きざまを通して、念仏の教えを伝えています。そのおかげで親鸞の生涯が多くの人に知られるようになってきました。現存している『御伝鈔』は、

(1)西本願寺本（『善信聖人絵』）　永仁三年十月十二日　（覚如・二十六歳）
(2)高田専修寺本（『善信聖人親鸞伝絵』）　永仁三年十二月十三日　（覚如・二十六歳）
(3)東本願寺康永本（『本願寺聖人親鸞伝絵』）　康永二年十一月二日　（覚如・七十四歳）
(4)東本願寺弘願本（『本願寺聖人親鸞伝絵』）　貞和二年十月四日　（覚如・七十七歳）

など（千葉県照願寺本、大阪定専坊本《じょうせんぼうほん》、京都仏光寺本）です。この中の康永本《こうえいぼん》を正本として、各寺院で拝読をするのを常としています。

『御伝鈔』の要旨

《上巻》
出家学道《しゅっけがくどう》　俗姓と家系、白川坊での得度、比叡山で学問した記述。
吉水入室《きっすいにゅうしつ》　二十九歳の時に法然門下に入ったことを記述。

六角夢想《ろくかくむそう》　六角堂の救世観音の夢告と人々に説法している記述。
蓮位夢想《れんいむそう》　常随の蓮位がみた夢想を記述。
選択付属《せんじゃくふぞく》　『選択集』の見写の許可と法然の影像を付属された様子を記述。
信行両座《しんぎょうりょうざ》　法然門下での信行両座の分判を記述。
信心諍論《しんじんじょうろん》　「信心は師弟同じか、否か」の信心同異の論争を記述。
入西鑑察《にゅうさいかんざつ》　入西が影像の許可をとり、定禅法橋が親鸞と面会する様子を記述。

《下巻》

師資選譎《ししせんちゃく》　念仏停止《ちょうじ》によって、法然と親鸞が流罪になったことを記述。
稲田興法《いなだこうぼう》　稲田草庵で道俗を教化したことを記述。
弁円済度《べんねんさいど》　山伏弁円が回心して、弟子となった様子を記述。
箱根霊告《はこねれいこく》　帰洛途中の箱根権現で、神官から饗応をうけたことを記述。
熊野霊告《くまのれいこく》　平太郎が熊野権現への代参を相談にきたことと熊野権現の代参を記述。

洛陽遷化《らくようせんげ》　ご往生と葬儀を記述。

廟堂創立《びょうどうそうりゅう》　墓所ができたことを記述。

「御絵伝」の製作

永仁三年（一二九五）十月に、覚如は絵師の康楽寺《こうらくじ》浄賀《じょうが》に、『御伝鈔』の内容を絵巻物に描くように依頼をしました。できあがった絵巻物は紙を横に長く張りつないだものでした。これは詞書《ことばがき》とそれに対応する絵図を交互に横につなぎ合わせている巻子《かんす》本《ぼん》といわれるものです。絵巻物は平安時代の中期から制作されだしたといわれています。もともと少人数で鑑賞するためのもので、この絵巻物を寺院で鑑賞するのには長すぎて不向きでした。そこで詞書と絵図を分離しました。『御伝鈔』の内容に対応した絵図は掛軸にしました。詞書は上下二巻の『御伝鈔』として、報恩講で拝読するのを慣習としています。

さて『御伝鈔』はどんな願いをこめて書かれたのでしょうか。それは奥書からあきらかです。「右縁起画絵の志、偏に知恩報徳の為にして、戯論狂言《けろんきょうげん》の為にせず」と述べています。つまり、親鸞の生涯を伝えながら、他力安心と親鸞の徳を讃仰する目的で書いたというのです。単に親鸞の生涯の記録だけではなく、その生涯を通して、人々を浄土真宗の信仰に導きたいという願いがあったのでしょう。また、浄恵《じょうえ》の『真宗《しんしゅう》故実伝来鈔《こじつでんらいしょう》』に、

覚如上人御制作の伝には外題内題共になし、伝文《でんもん》を先にし絵を後《のち》にし、巻を別《わかち》て四巻とす。伝と絵を別ち給ふことは存覚上人の時なり。二巻の絵相を一幅に画《えが》き後《あと》の二巻を又一幅にし、伝文を一巻とし、画に合して第一段第二段の標目《ひょうもく》を定め給ふ。是より以来《このかた》絵相を拝見し伝文を聴聞す。甲州万福寺に二幅の絵相ありて存覚上人の御銘也。是《これ》絵伝の始めか。当時四幅《しふく》の絵伝は蓮如上人の御時より初《はじま》るとみえたり。本文四巻なるを以て四幅としたまへり。

という説明をしています。この記述から⑴最初は『御伝鈔』の一段を記して、続いてその文に対応した絵図を書いている四巻の巻子本であったこと。⑵『御伝鈔』と「御

絵伝」を別々に分けたのは存覚《ぞんかく》（覚如の長男）であること。(3)「御絵伝」を見ながら『御伝鈔』の拝読を聞いて、阿弥陀如来のお慈悲を味わうのが目的であること。(4)はじめのころは「二幅《にふく》の御絵伝」であったが、蓮如の時代から「四幅《しふく》の御絵伝」ができたことが知られます。第七世存如のときに、初めて「御絵伝」が門末に授与されています。第八世蓮如のときから広く授与されるようになりました。第九世実如から授与される「御絵伝」は、康永二年に制作された絵図が定形化して描かれるようになりました。

「御絵伝」の種類

(1)一幅絵伝（広島県の光照寺。存覚の指導で隆円が描いています。画面全体を七段に分け、そのなかに十三の場面を描いて、各場面に札銘《さつめい》を貼り説明をしています）

(2)二幅絵伝（三重県の上宮寺。福井市の浄得寺。奈良県の本善寺）

(3)三幅絵伝（愛知県の妙源寺、如意寺、願照寺。東京本願寺）

(4)四幅絵伝（最古のものは石川県大聖寺の願成寺）
(5)六幅絵伝（山梨県の万福寺にあったが、現在は本願寺が所蔵）
(6)八幅絵伝（寛文三年に徳力善雪が描いたものです。ご正忌報恩講に御影堂に奉懸する）
という六種類の「御絵伝」が現存しています。

意図的に不記載か

理由は不明ですが、『御伝鈔』に意図的としか思えない不記載の事柄があります。それは(1)両親と兄弟にふれていない。(2)家族にふれていない。(3)出家の動機にふれていない。(4)比叡山時代にふれていない。(5)比叡山下山の動機にふれていない。(6)法然門下入門の経過にふれていない。(7)越後時代にふれていない。(8)奥様のことにふれていない。(9)関東移住と京都帰洛の理由にふれていない。(10)『教行信証』などの著書にふれていない。(11)善鸞事件にふれていないなどです。

「すやり霞」と「異時同図画法」

「御絵伝」は年代順に親鸞の生涯を描いています。そして、各段ごとに雲形の仕切りをしています。このような描き方を「すやり霞《がすみ》」というそうです。また、第一幅の下から第二段目の「出家学道」の場面で、慈円と面接している様子と、お得度の様子を同じ一段に描いています。他にもそのような場面がでてきます。このように一段に多場面を描く手法を異時同図画法《いじどうずがほう》というそうです。

「御絵伝」の絵解き

古い「御絵伝」や江戸時代前期までの「御絵伝」には札銘がありました。札銘は絵図に紙片を貼り、そこに人物名や場所などを墨書しています。札銘を貼るのは、絵図に何が描いているのか理解できなかったからだそうです。ところが、江戸時代中期の元禄、宝永、正徳の頃になると、この札銘がなくなってきました。その理由は、各寺院の報恩講で「御絵伝」の絵解《えと》き法話がおこなわれるようになってきたからだといわれています。

「御絵伝」の絵図の一々を、浄土真宗の教義で解釈して、深い意味を伝えて教化活動をしたのが絵解き法話でした。蓮如上人三百回遠忌と三百五十回遠忌の中間にあたる文化、文政の十九世紀初頭は、絵解き法話が最も盛んな時期といわれています。絵解き法話は幕末から明治にかけて、寺院の教化活動の大きな流れでした。ところが絵解き法話は次第に詳細になり、内容が本来の教えから逸脱したものがでてきました。絵解き法話の内容が過度になってきたので、東・西本願寺は危惧をいだいていました。明治政府の宗教政策を慮って、明治十年と十三年に絵解き法話の禁止令をだしています。そうですから、絵解き法話は次第に衰退しました。

「御絵伝」の奉懸と拝見のしかた

浄土真宗の各寺院の報恩講に『御伝鈔』を拝読しています。これは『実悟記《じつごき》』（蓮如の十男の実悟著）に蓮如からはじまったと記しています。また、存如（蓮如の父）の時代に、石川県の願成寺と専称寺に「御絵伝」が授与され、蓮如の時代には滋賀県の本福寺と赤野井別院、堺の真宗寺、岐阜県の河野六坊などに授与しています。そして、蓮如の子供の実如の時代からは願主があれば、「御絵伝」の授与をしています。江戸時代になると、寺院への「御絵伝」の授与が加速的に多くなり、全国的に普及してきています。「御絵伝」は各寺院で大事に相続されて、報恩講の時に余間に奉懸されるのが常です。

さて、本尊に向かって左の余間（右余間）に「御絵伝」を奉懸した場合は、右から第一幅、その左に第二幅を、その左に第三幅を、その左に第四幅をと奉懸していきます。「御絵伝」は一番右の第一幅の一番下から上へ上へと絵図を拝見し、次に左の第二幅、第三幅、第四幅も同様に拝見していきます。

本尊に向かって右の余間（左余間）に奉懸した場合は、左から右へと第一幅、第二幅、第三幅、第四幅と奉懸していきます。「御絵伝」は一番左の第一幅の下から上へと拝見し、次に右の第二幅、第三幅、第四幅へと下から上へと拝見していきます。

出家学道(1)（第一幅の下から一段目第一図。『御伝鈔』上巻第一段）

右の絵図は白川坊舎の中門外の様子を描いています。左の絵図は白川坊舎の中門内の様子を描いています。養和元（一一八一）年、親鸞は九歳でした。

場所

白川坊舎は慈円僧都の住居です。私は「青蓮院で得度した」と教えられました。しかし、得度したと伝承されている青蓮院が、この当時に存在していないのに、何百年も「青蓮院で得度をした」と教えているのはどんなもんだろうかと、秘かに思っています。青蓮院が現在地に建ったのは、親鸞が三十三歳の元久二年（一二〇五）のことです。

慈円僧都の坊舎を訪ねた様子

①牛車《ぎっしゃ》（網代車《あじろぐるま》）と供人《ともびと》
②日野範綱の馬と従者
③門前に咲く桜
④牛をつなぐ松
⑤舎人《とねり》と供人
⑥牛車を曳《ひ》いた牛と牛飼いの童

親鸞が客殿に入った後の供人の様子

①日野範綱の家来
②稚児
③得度奏上《そうじょう》に出向する寺侍《てらざむらい》
④親鸞の近習

誕生日

親鸞の没後から四四四年が過ぎた宝永三年（一七〇六）に、高田派の普門《ふもん》が『高田《たかだ》絵伝撮要《えでんさいよう》』を著しました。そこに「人王八十代高倉院承安《たかくらいんじょうあん》三 癸 巳《みづのとのみ》四月朔日《ついたち》」と書いています。つまり、親鸞の誕生日が四月一日（太陽暦は五月二十一日）だと史上初めてふれたのです。この根拠は順信《じゅんしん》（『下野縁起書』二巻を著して、親鸞の行実を世に伝えたが散逸）が書いた『下野縁起書《しもつけえんぎしょ》』によったと書いています。良空の『高田開山親鸞聖人正統伝』に『下野縁起書』は専修寺にあるというのですが、いまだ発見されていません。親鸞の誕生日を記しているものは見当たらず、江戸時代に編集された伝記には、一月一日、二月上旬、四月一日の誕生説がでています。理由は定かでありませんが、東・西本願寺は普門が示した四月一日（旧暦）を、親鸞の誕生日と認めています。それ以来今日まで旧暦四月一日（新暦五月二十一日）と伝承されています。が、誕生日を明確に示している資料はいまだに確認されていません。覚如が書いた法然伝記の『拾《しゅう》遺古徳伝《いことくでん》』には、法然の誕生日を書いていますが、親鸞の誕生日はふれていません。親鸞自筆の手紙や著書の奥書に元号と年齢が書かれているので、誕生の年は判明しています。すなわち、手紙や奥書の元号から逆算して、承安《じょうあん》三年（一一七三）が生年であると明らかに知られます。

両親と兄弟

父は日野有範《ひのありのり》です。母は吉光女《きっこうにょ》と伝承されているのですが、母の名前を示している資料はいまだ確認されていません。兄弟は下に弟が四人いたことが家系図からわかります。尋有《じんう》、兼有《けんう》、有意《ゆうい》、行兼《ぎょうけん》の男兄弟です。注目すべきはすべての兄弟が出家していることです。この事実の背景にはどんな事情があったのでしょうか、その理由は明らかになっていません。

出家学道(2)（第一幅の下から二段目第二図。『御伝鈔』上巻第一段）

左の絵図は日野範綱《ひののりつな》に伴われ、慈円と対面している様子を描いています。右の絵図は剃髪式（お得度）の様子を描いています。得度から範宴《はんえん》と名のりました。

家系図

ここに親鸞の家系が仰々しく書いてあります。この家系が長年の常識となっていました。ところが、この家系に疑問を投げかけた人がでました。中沢見明《なかざわけんみょう》が大正十一年に『史上之親鸞《しじょうのしんらん》』を著して、親鸞抹殺論を主張したのです。そして、『御伝鈔』の家系は不合理な点があると指摘したのです。覚如が日野氏の出身だから、親鸞も日野氏の出身とみせかけて、貴族の出身と思わせるためにこんな家系ができたと批判をしています。この批判が機縁となり、今日のように真宗史学が緻密になってきたのです。

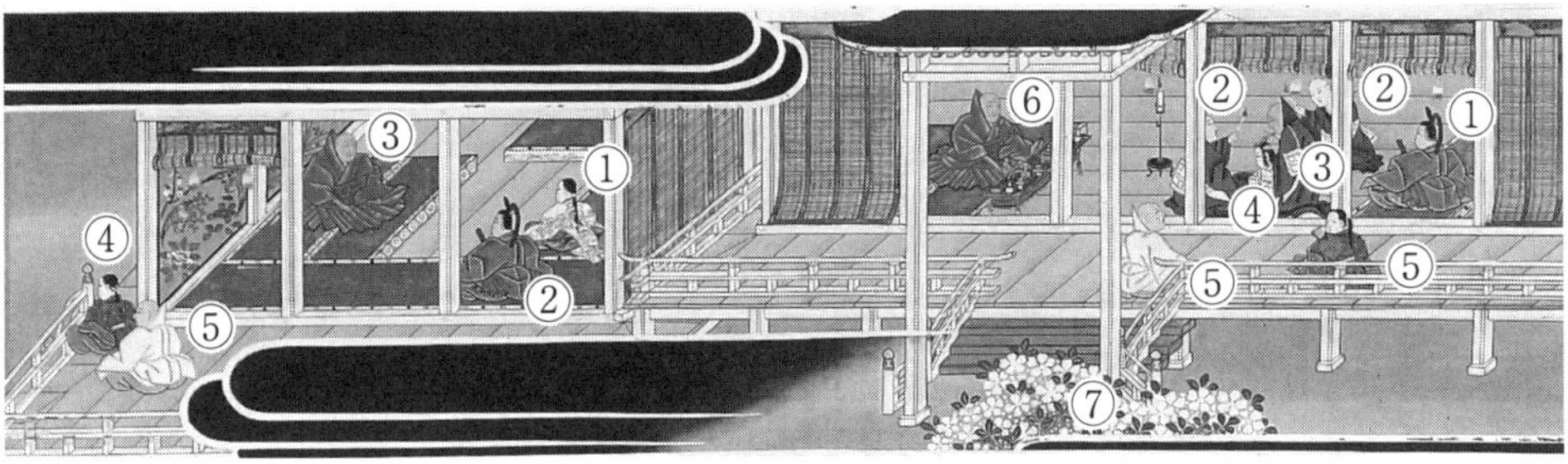

得度の様子

①日野範綱
②蝋燭をかかげる待僧
③剃髪をしている僧（権智房《ごんち》性範《しょうはん》）
④剃髪中の親鸞（範宴）
⑤稚児と慈円の弟子
⑥緋《ひ》の衣の慈円僧都
⑦桜

慈円と対面をしている様子

①九歳の親鸞（範宴）
②日野範綱
③慈円僧都
④慈円の世話をしている稚児
⑤慈円の弟子

中沢見明の発言は、教団人の常識を覆すような衝撃を与えました。中沢見明の問いかけに納得がいく答えがでるまでに時間がかかっています。大谷大学の山田文昭《やまだぶんしょう》が、昭和三年に『真宗史稿《しんしゅうしこう》』を著わし、『御伝鈔』の内容にほぼまちがいがないことを証明しました。また、辻善之助の『親鸞聖人筆跡之研究』や、恵信尼の手紙の発見などによって、現代では親鸞の存在を疑う人はいません。

さて、中沢見明は姓氏の家系集である『尊卑分脈《そんぴぶんみゃく》』（内麻呂系《うちまろけい》）から『御伝鈔』の家系を批判しました。ところが、山田文昭は『尊卑分脈』（貞嗣系《さだつぐけい》）から『御伝鈔』記載の家系にまちがいないことを証明しています。内麻呂系の『尊卑分脈』は南北朝末期に編集したものですが、後代までその家系図は加除や訂正がされている事実が判明しています。『尊卑分脈』（内麻呂系）に誤りがあって、『御伝鈔』の記事のほうが正しいことがわかりました。長い間、中沢見明の批判に反論できなかった真宗教団でしたが、山田論文から『御伝鈔』の内容がほぼ事実だということが証明されたのです。つまり親鸞の日野家出身が確認できたのです。これに加えて戦後に高田派の本山・専修寺で発見された「日野氏系図」と、『御伝鈔』の記事をつきあわせすると一致しています。そこで今では親鸞の日野家出身に疑義をもつ人は誰もいません。ところで、この家系について、平松令三《ひらまつれいぞう》が聖典セミナー『親鸞聖人絵伝』におもしろい記事をしています。

聖人はこういう肩書を書きつらねることはむしろお嫌いだったろうとさえ思われるのに、そんな肩書の連続で『御伝鈔』が始まっているのです。しかしこれは覚如上人の本意だったのではなく、いきがかり上、こんな風になってしまったらしいのです。そのことは、上人の最初の草稿からそのまま書き写しされたと考えられている西本願寺本『伝絵』（『善信聖人絵』）の詞書からわかります。

というところです。「親鸞の生き方を思う時、こんな仰々しい家系が必要だろうか」と、私はずっと疑問をもっていました。そうですから、この記事を読んで溜飲が下がりました。

得度の付き添い

伯父がどうして得度に付き添ったのでしょうか。このことにふれているものがないので、その理由を知る由もありません。覚如の弟子の乗専が著わした『最須敬重絵詞《さいしゅきょうじゅうえのことば》』に、「幼稚にして父を喪《そう》し給けるを、伯父若狭三位範綱卿《はくふわかさのさんみのりつなきょう》猶子《ゆうし》（養子）として交衆《こうしゅ》をいたす」という記事があります。これによって日野有範の早世説がいわれだしました。しかし、戦後に本願寺から発見された聖教（正平《しょうへい》六年存覚書写の『大無量寿経』）の奥書から、日野有範は親鸞が成人する頃まで存命であったことが判明しました。今では日野有範の早世を語る人はめったにいません。出家の動機を推測している諸説があるのですが、これだという定説はありません。なお、得度の場面の蝋燭《ろうそく》ですが、覚如の時代には紙燭《しそく》しかありませんでした。ところが室町時代になって生活がゆたかになり、「御絵伝」には当然のように蝋燭が描かれるようになってきているそうです。

比叡山時代

比叡山時代のことは何ひとつわかっていません。そうですから、『御伝鈔』(「御絵伝」)に比叡山時代の記述(絵図)がないのです。恵信尼の手紙が発見されてから、比叡山時代の断片が知られる程度です。不思議に思うのですが、得度の戒師をつとめたという慈円(四回も天台座主をつとめる)は、親鸞の手紙や著書に一度もでてきません。後の承元の法難のとき、幸西と証空は慈円の弟子でないのにもかかわらず、慈円が身元引受人となったので、二人は流罪から免れることができました。だが、近しい関係にあったはずの法然と親鸞が流罪になっています。

ところで、比叡山のどこで修行をしたのでしょうか、資料がないので不明です。高田派の『高田開山親鸞聖人正統伝《たかだかいさんしんらんしょうにんしょうとうでん》』に東塔《とうとう》の無動寺大乗院《むどうじだいじょういん》で修行したと記事していいます。ここから比叡山時代は無動寺大乗院で修行したといわれだしました。しかし、大乗院は不動明王信仰の寺です。親鸞の著書のどこにも密教に関する記述がないことから、大乗院で修行したとはとうてい考えられません。「今でも親鸞は大乗院で修行した」と、あり得ないことを、教団の中で語られているのが、私は不思議でしかたありません。むしろ、「楞厳横川《りょうごんよかわ》の余流をたたえて」とあることから、横川常行堂《よかわじょうぎょうどう》の堂僧《どうそう》をしていたとみていくほうが自然だと思います。無論、堂僧として念仏三昧の行をはじめとして、基本的な修行の六波羅蜜《ろくはらみつ》の修行はしていたにちがいありません。加えて天台僧としての止観《しかん》、遮那《しゃな》の二行にも励んでいたと推測されます。

吉水入室（第一幅の下から三段目第三図。『御伝鈔』上巻第二段）

比叡山をおりて、京都東山の吉水草庵を訪ねました。専修念仏の教えを説いていた法然と対面している様子を描いています。

下山の理由

比叡山下山の理由について推測している諸説があります。しかし、これという定説はありません。

法然門下に

「雑行を棄てて本願に帰した」のは、法然門下に入った建仁《けんにん》辛酉《かのとのとり》の暦《れき》の二十九歳のときでした。『歎異抄』に、「たとひ法然聖人にすかされまゐらせて、念仏して地獄におちたりとも、さらに後悔すべからず候ふ」と言い切るまでには、長い求道の苦悩がありました。法然が説いている専修念仏の教えは、今までの修学と全く異なる成仏への道でした。長年修学してきた比叡山の仏道とは異なっており、今まで培った仏道の常識ではとうてい理解できなかった親鸞でした。

恵信尼の手紙第一通目からこのときの心情が伝わってきます。そこに「百か日、降るにも照るにも、いかなる大事にもまゐりてありしに、ただ後世のことは、よき人にもあしきにも、おなじやうに生死出《しょうじい》づべき道をば、ただ一すぢに仰せられ候ひしを、うけたまはりさだめて候ひし」と、その当時の親鸞の苦悩の様子が書かれています。今までの仏道と較べて、法然が説いている専修念仏の教えがすんなりと受け入れられなかったのです。それでも法然の説法を百日のあいだ続けて聴聞しています。そして、選択した道は専修念仏の教えを信仰して浄土往生する道でした。ここで親鸞は生まれ変ったように、希望のあふれた世界が開けてきたのです。

法然を訪ねたときの様子

①見送りの使僧（権智房性範）と輿《こし》
②近習（正全房）
③待僧（西仏房）
④稚児
⑤供奉の僧
⑥素絹《そけん》白袈裟の親鸞（範宴）
⑥柳
⑦親鸞（範宴）
⑧法然
⑨善恵房証空あるいは勢観房源智
⑩池の内外に鴛鴦《おしどり》

誰の導きか

真宗高田派良空が著した『髙田開山親鸞聖人正統伝』（『真宗資料集成』七）があります。真宗高田派の親鸞伝記です。親鸞の生涯が詳細に書かれています。そこに四条橋で偶然に会った聖覚《せいかく》に、吉水の法然を訪問するようにと勧められたことが契機になったと記しています。

六角夢想（第一幅の下から四段目第四図。『御伝鈔』上巻第三段）

左の絵図は親鸞が救世観音の告命《ごうみょう》を受けている様子を描いています。右の絵図は親鸞が東方の岳山の群衆に救世観音の告命を説き宣べている様子を描いています。

夢告(1)

ここの六角《ろっかく》夢告《むこく》は三十一歳のときにあたります。そうでしたら、親鸞は二十九歳と三十一歳に二度も夢告をうけたことになります。こういうことから、親鸞の夢告は生涯に一度だけという説と、二度だったという説がでてきました。しかし、ここの記述は二十九歳の夢告だと理解したほうがいいみたいです。というのは、西本願寺の『御伝鈔』は、「建仁三年 癸亥《みずのとのい》四月五日の夜寅の時」と記述があり、専修寺本や東本願寺の康永二年本などの古い伝絵の詞書に、「建仁三年 辛酉《かのとのとり》四月五日夜寅時」と記述しているからです。ここの年紀《ねんき》と干支《えと》が不一致なので、『御伝鈔』は誤った記述となっているとしかいいようがありません。どうして『御伝鈔』がこのような記述になったのかの理由は不明です。この一段の夢告は建仁元年辛酉と理解したほうが正しいといわれています。

夢告(2)

大正十年に大発見がありました。鷲尾《わしお》教導《きょうどう》が西本願寺から、恵信尼《えしんに》直筆の手紙十通を発見したのです。その第一通目に、

山を出でて、六角堂も百日籠らせたまひて後世をいのらせたまひけるに、九十五日のあか月、聖徳太子の文《もん》を結びて、示現にあづからせたまひて候ひければ、やがてそのあか月出でさせたまひて、後世のたすからんずる縁にあひまゐらせんとたづねまゐらせて、法然上人にあひまゐらせて、また六角堂に百日籠らせたまひて候ひけるやうに、…………

群衆に説法している様子

①東方の岳山で説法を聞く人びと

②雲母坂《きららざか》登り口の赤山権現《せきざんごんげん》

③柳

④橙《だいだい》

⑤親鸞（範宴）

救世観音菩薩に合掌されている様子

①夢告を感得した親鸞（範宴）

②白蓮華に座す白衲《びゃくのう》の救世観音菩薩

③臥している僧二人と武士

と、「比叡山下山のあとで、六角堂に後世を祈願して百日の参籠し、九十五日目の暁に聖徳太子の夢告を得た」ことと、「夜が明けてから法然の吉水草庵に訪ねていったこと」を、若いころに夫の親鸞から聞いたと書いています。これを『御伝鈔』は、「隠遁の志にひかれて、源空聖人の吉水の禅房にたづねまゐりたまひき」と、実に簡単な記述をしています。この違いに疑問をもったのが、歴史学者の赤松俊秀《あかまつしゅんしゅう》の『親鸞』でした。赤松俊秀は、覚如が『善信聖人絵』の初稿本を書きあげたときには、恵信尼の手紙の存在を知らなかった故だと結論しています。そして、恵信尼の手紙の存在を知ったのは『伝絵』の製作から十二年後のことだとも指摘をしています。

ところが、存覚の『嘆徳文《たんどくもん》』の中に、「ことに歩みを六角の精舎に運びて、百日の懇念を底《いた》すところに、親《まのあた》り告げを五更《ごこう》の孤枕《こちん》に得て、数行《すこう》の感涙に咽《むせ》ぶあひだ、幸ひに黒谷聖人吉水の禅室に臻《いた》りて、はじめて弥陀覚王浄土の秘扃《ひけん》に入りたまひしよりこのかた………」という記述があります。これは恵信尼の手紙の内容と全く同じです。

つまり、覚如が書けなかったことを、子息の存覚は法然門下に入った経緯を手紙から知っていたので、恵信尼の手紙と同じ文章になっていると赤松俊秀は鋭く指摘をしています。その後、「恵信尼消息」を見たという記録がどこにもでてきません。おそらくは存覚が披見してから、大正十年までのおよそ七百年間の年月を、本願寺の宝庫の中で手紙が伝えられてきたのです。

夢告の素材

一九六三（昭和三十八）年の真宗連合学会で、大谷大学の名畑崇《なばたたかし》が「親鸞の六角夢想の偈について」（『真宗研究』八号）を発表しています。そこに金胎房覚禅《こんたいぼうかくぜん》が著した『覚禅鈔《かくぜんしょう》』（『大日本仏教全書』四十七）の、

邪見《じゃけん》の心を発《おこ》して、淫欲熾盛《いんよくしじょう》にして、世に堕落《だらく》すべきに、如意輪《にょいりん》、われ王の玉女《ぎょくにょ》となりて、その人の親しき妻妾《さいしょう》として、共に愛を生じ、一期生《いちごしょう》の間、荘厳《しょうごん》するに福貴《ふうき》をもつてし、無辺の善事を造《つく》らしめ、西方極楽浄土に仏道を成ぜしめん、疑いを生ずることなかれ。

という一文を紹介しています。これが六角夢告の原型になったのではないかという推測を発表をしました。この文は本当に六角夢告と酷似しています。覚禅は京都近辺に住んでいたと伝えられていますから、親鸞は比叡山時代にこの『覚禅鈔』を読んだことがあるのかもしれません。「おそらくこの記憶が残っていて本人がまったく気づかないままの状態で、このことが夢のなかにでてきたのではないだろうか」と、平松令三は大肝な推測をしています。

こんなに酷似した文が明示されたのに、どういうわけでしょうか。この論文の後に『覚禅鈔』と夢告についての研究がないようです。

どうして六角堂か

親鸞は比叡山の修行にゆきづまり、これからの人生をどう生きたらよいのか苦悩していました。そんな時、比叡山で培われた聖徳太子への敬慕から、太子ゆかりの観音菩薩を本尊とする六角堂（頂法寺）への参籠を思いつかれたのでしょうか。

中世の観音信仰は病気をなおすとか、商売繁盛というものではなく、参籠《さんろう》を通して仏道にヒントを得るための霊験を求めるものでした。親鸞の場合もそういう参籠であったのではないでしょうか。それにしてもこの百日参籠というのは少し長過ぎると思います。常識的な日数でありません。六角堂で何を祈願したかというと、「百日籠らせたまひて後世をいのらせたまひけるに」と、恵信尼の手紙に書かれています。ただ後世の救いのヒントを与えてもらいたいという一心で、六角堂の救世観音に参籠をされたのではないかと理解をしたほうがすっきりとしますが。

蓮位夢想（第一幅の下から五段目第五図。『御伝鈔』上巻第四段）

常随《じょうずい》の蓮位《れんい》が感得した夢想です。聖徳太子が、親鸞を阿弥陀如来の来現と崇《あが》めているところを描いています。

年代順を破って追加

この夢想は建長《けんちょう》八（一二五六）年ですから、八十四歳のできごとです。覚如は二十六歳から七十四歳までの四十八年間、生涯をかけて『御伝鈔』を増補・改訂しています。たまたま「蓮位夢想《れんいむそう》の記《き》」を読んで感動したから、この一段に追加したのではないかといわれています。前後の年代順からはずれています。ここにこの一段をどうして挿入したのか理由を書いていないので知る由もありません。前段の六角夢想と関連があるのでないかという指摘をしている学者がいます。

蓮位の夢想感得の様子

①松

②側臥《そくが》の蓮位房

③聖徳太子

④黒衣墨袈裟の親鸞

『口伝鈔』にも

ここの『御伝鈔』と『口伝鈔』十三章の内容が全く同文です。『口伝鈔』は元弘《げんこう》元年（一三三一）の報恩講の時の法談を、乗専が筆記したものです。

聖徳太子との関係

『実悟記』と『真宗故実伝来鈔』に、蓮如の時に聖徳太子の御影は御影堂に奉懸したと記事しています。それが第十二世准如の時に、御影堂から阿弥陀堂に奉懸されました。親鸞より六百年前の聖徳太子と親鸞が、どんな関係なのか解明されていません。この解明には、六角夢想と蓮位夢想が手掛かりとなるのではといわれています。

選択付属（第二幅の下から一段目第一図。『御伝鈔』上巻第五段）

右の絵図は『選択本願念仏集《せんじゃくほんがんねんぶつしゅう》』の見写《けんしゃ》を許可をされ、『選択本願念仏集』を法然から伝授されている様子を描いています。左の絵図は法然の影像に法然が讃銘を書いて、それをいただいている様子を描いています。付属とは師僧が弟子に奥義を伝授し、後世に伝え残すように託することです。

『選択本願念仏集』の見写を許された人

法然門下に入って四年後の元久二（一二〇五）年、三十三歳のときの出来事です。『選択本願念仏集』（略して『選択集《せんじゃくしゅう》』）を見写することを許されました。『選択本願念仏集』の見写をする許可はめったにありませんでした。師資相承《ししそうじょう》は親鸞だけのように言う人がいますが、これはまったくの見当違いです。『選択本願念仏集』の見写を許可された人は、次の十一人だと確認できます。

(1)善信房親鸞《ぜんしんぼうしんらん》（『教行信証』、『御伝鈔』）
(2)善慧房証空《ぜんえぼうしょうくう》（『選択集要訣』、『私聚百因縁集』）
(3)真観房感西《しんかんぼうかんさい》（『選択本願念仏集』の執筆、『選択集要訣』）
(4)長楽寺隆寛《ちょうらくじりゅうかん》（『明義進行集』、『私聚百因縁集』）
(5)聖光房弁長《しょうこうぼうべんちょう》（『徹選択集』、『私聚百因縁集』）
(6)法蓮房信空《ほうれんぼうしんくう》（『法然上人行状絵図』）
(7)安楽房遵西《あんらくぼうじゅんさい》（『選択集』の執筆）
(8)正信房湛空《しょうしんぼうたんくう》（『法然上人行状絵図』）
(9)勢観房源智《せいかんぼうげんち》（『法然上人行状絵図』）
(10)九品寺長西《くぼんじちょうさい》（『私聚百因縁集』）
(11)成覚房幸西《じょうかくぼうこうさい》（『私聚百因縁集』）

覚如の『拾遺古徳伝絵』第六巻の第四段に、『選択本願念仏集』の見写にふれています。

法然から『選択集』を伝授されている様子

①法然の弟子（念仏房）
②近習の正全房
③『選択集』を伝授している法然
④親鸞（善信房綽空）

法然が影像に讃文を書き、それをいただいている様子

⑤縁の左に正全房、縁の右に喝食《かっしょく》
⑥讃銘を書いている法然
⑦親鸞（善信房綽空）
⑧撫子《なでしこ》

そこに「撰述以後、是最初也」という注記があり、『選択集』の見写は親鸞が最初であったと伝えています。

影像の作製と讃銘

『選択本願念仏集』を見写できる許可と、同時に法然の影像を描く許可もいただきました。加えて夢告によって改めた新しい法名を、その時に法然に書いてもらっています。法然はその影像に自筆の六字名号と、『往生礼讃《おうじょうらいさん》』の本願加減《ほんがんかげん》の文《もん》を讃銘《さんめい》に書いています。讃銘は「若我成仏　十方衆生　称我名号　下至十声　若不生者　不取正覚　彼仏今現在成仏　当知本誓　重誓不虚　衆生称念　必得往生」です。ところが、この讃銘には彼仏今現在世成仏の「世」の一文字がぬけています。

このことについて、『口伝鈔』の「十八の願につきたる御釈の事」に、「されば彼仏今現在成仏とつづけてこれを訓ずるに、かの仏いま現在して成仏したまへりと訓ずれば、はるかにききよきなり。義理といひ文点《もんてん》といひ、この一字もともあまれるか」という説明をしています。また、『六要鈔』には、法然が読んだ経本には世の一文字がなかったのであろうという推測をしています。

また、この時の法然の影像はどんな姿が描かれていたのか、今では知る由もありません。法然の御影は、京都二尊院所蔵の「足曳《あしびき》の御影《みえい》」などがあります。それらの御影の形式と「御絵伝」の御影の形式が異なっています。「御絵伝」に描かれている影像は、肖像の上方と下方に別枠をつくり、そこに讃銘が書かれています。これは「安《あん》城《じょう》の御影《ごえい》」とまったく同じ形式です。

新しい法名

夢告によって綽空《しゃくくう》の名前を改めて、新しい法名を法然から書き与えられたと記述しているのですが、私は長い間このことについて、もやもやとした疑問をもっていました。それは夢告がいつ頃のものだったのか、また新しい法名はどういうものか、ということが具体的に記述されていないからです。そこで『六要鈔』は、「其の名は綽空、仮実《けじつ》相兼《あいかね》ぬ、しかるに聖徳太子の告命に依って、改めて善信といふ」という説明をしています。この記述から『教行信証』(「化身土巻」)と『御伝鈔』の夢告は六角堂での夢告であり、新しい法名は善信だろうというのが通説となっています。しかし、『選択集』の見写の許可の時の法名が善信房綽空です。夢告があったのはその後であると考えられるので、私はこの通説に疑問をもっています。

このことについて、私は蓮悟の「日野一流系図」(『真宗資料集成』七)の範宴の注記を注目しています。「善信房綽空、依夢告、改親鸞(善信房綽空、夢告によって親鸞と改む)」とあるところです。ご承知のように房号《ぼうごう》は号《ごう》であって名《な》ではありません。『教行信証』の「化身土巻」にでてくる「名の字を書かしめをはんぬ」は、文中の「釈の鸞」であると理解したほうが自然だと思います。現在のところ断定をされていないのですが、『御伝鈔』が記述している新しい法名は、まちがいなく親鸞でなかったのではなかろうか、と私は推測しているのですが。

信行両座（第二幅の下から二段目第二図。『御伝鈔』上巻第六段）

右の絵図は「私たちは信心によって救われるか、称名の行によって救われるかの信《しん》行《ぎょう》両座《りょうざ》に分けて、各門弟の心を確かめたい」と、法然に提案している様子を描いています。左の絵図は法然門下生の信行両座の分判を描いています。

本当にあった出来事か

親鸞の行実を記述している『口伝鈔』には、この信行両座の事にふれていません。また、真宗各派の内部文献や浄土宗の文献にも、ここの信行両座にふれているものは見当たりませんでした。つまり、『御伝鈔』以外には信行両座を伝えるものがどこにも存在していないのです。こういうことからでしょうか、中沢見明は『史上之親鸞』に「信行両座は史実にあらず」と断定をしています。

覚如の心を探る

注意しておかねばならないことがあります。選択付属の後に、この信行両座が位置づけられていることです。法然没後に門弟たちは、一念義と多念義の派閥に分かれて活動をしていました。そして、それぞれが派閥間の主導権の争いを激しくしていました。『御伝鈔』は分派活動が盛んになっている時期に書かれています。この信行両座分判を語ることを通じて、親鸞こそが法然の教えを正しく理解して、教えを継承していることを言いたかったのだと、この一段を理解したらどうでしょうか。

この一段の出来事は実際にあったか、どうか。資料がないので、このことはしかと判断しかねます。しかし、私は覚如が信行両座をここに記述している意思を尊重して、信行両座の分判に似たことが実際にあったのではないだろうかと推測をしています。

信行両座分判《ぶんぱん》の提言をしている様子

①上から正信房・勢観房・念仏房

②法然

③親鸞（善信房綽空）

信行両座分判の様子

①三百余名の弟子

②遅参を後悔している法力房蓮生

③記帳している親鸞（善信房綽空）

④松と藤

⑤法蓮坊信空

⑥聖覚

⑦法然

なぜ三人の実名を

信行両座は信不退《しんふたい》と行不退《ぎょうふたい》の二つに分けて、門弟たちにどちらの方につくかをたずねています。この信不退と行不退の分判は、「信心によって浄土往生をするのか、念仏の行をはげんで浄土往生するのか」ということを明らかにしようとしたものです。信不退の座についたのは聖覚、信空、法力房（熊谷入道）の三人だけで、他の門弟たちはどちらにつくとも態度を明らかにしていませんでした。

この一段を理解するのには、この当時から念仏の行について、一念と多念の問題がおきていたことを頭に入れておくべきです。一念はただ一声の念仏であっても浄土に往生ができるという考えで、多念は念仏を多く称えて浄土に往生しようと考えるものでした。この一念か多念かの問題は、法然門下において激しく論議がされていました。ついには両派にわかれて抗争するにいたっています。そこで考えてみたいのは、この一段は人数を問題としているのではありません。三人に共通しているのは、法然没後の激しい分派争いのどこの派閥にも属していなかった人だったからだといわれています。このことから、この信行両座から覚如の心を探って、親鸞が伝えている念仏者の救いを考えてみましょう。

信心諍論（第二幅の下から三段目第三図。『御伝鈔』上巻第七段）

法然を前にして、親鸞と正信房、勢観房、念仏房などの兄弟子と、信心の同異を論争している様子を描いています。

同じ内容が

同様の内容が『歎異抄』十九条にもでています。この信心諍論がどうしてここに組み込まれたのでしょうか。この理由は覚如の伝記絵巻である『慕帰絵詞《ぼきえのことば》』からヒントがもらえそうです。と言うのは、覚如が十九歳のときに、常陸国から遺弟の唯円坊が上洛してきたことと関係があるのではと想像ができます。覚如はその時に唯円に何度も面会して、常日頃に不審に思っていたことを聞いて、メモをしていたことが記述されています。覚如は唯円との面接から聞き得たことをいろいろと記録しており、それ

信心一異の論争をしている様子

①松
②給仕の僧
③正信房湛空
④勢観房源智
⑤法然
⑥念仏房念阿
⑦弟子たち
⑧柱に顔がなかば覆われている親鸞（善信房綽空）
⑨萩
⑩すすき
⑪杉

を『御伝鈔』に組み入れたにちがいありません。そうだから『御伝鈔』と『歎異抄』は文言まで同一になっていると指摘している学者がいます。

信心同異の諍論

ここは正信房湛空《しょうしんぼうたんくう》、勢観房源智《せいかんぼうげんち》、念仏房念阿《ねんぶつぼうねんあ》の兄弟子と、信心について論争をしているところです。その内容は「私の信心も師匠の信心も、すこしもかわるところがなく同一である」という善信（親鸞）の主張です。この主張に対して、兄弟子たちは、「師匠の信心と善信（親鸞）の信心が同じであるというのは不遜であり、とんでもない」と反対しました。両者の信心の理解は相容れないものでした。善信（親鸞）は頑なに「師匠の智慧とか学問の深さが等しいというのであれば、とんでもないことです。しかし、往生浄土の信心については師匠の信心も自分の信心も、ともに阿弥陀如来からたまわる他力の信心であるから少しも変わるところがありません」と主張をゆずりませんでした。この諍論を聞いていた法然は、善信（親鸞）の領解を支持しました。そして「信心が異なるというのは自力の信心のことです。他力の信心は阿弥陀如来よりたまわったものですから、法然の信心も善信（親鸞）の信心も異なることがないので、まったく同じです。信心がそれぞれに違うというのであれば、その人は法然の参る浄土とは違った浄土にうまれることでしょう」と申されたことで諍論は決着しました。『歎異抄』の後序《ごじょ》に同じ内容が記述されていますので、これを見ておきましょう。

右条々は、みなもつて信心の異なるよりことおこり候ふか。故聖人（親鸞）の御物語に、法然聖人の御とき、御弟子そのかずおはしけるなかに、おなじく御信心のひともすくなくおはしけるにこそ、親鸞、御同朋の御なかにして御相論のこと候ひけり。そのゆゑは、「善信が信心も聖人の御信心も一つなり」と仰せの候ひければ、勢観房・念仏房なんど申す御同朋達、もつてのほかにあらそひたまひて、「いかでか聖人の御信心に善信房の信心、一つにはあるべきぞ」と候ひければ、「聖人の御智慧・才覚ひろくおはしますに、一つならんと申さばこそひがことならめ。往生の信心においては、まつたく異なることなし、ただ一つなり」と御返答ありけれども、なほ「いかでかその義あらん」という疑難ありければ、詮ずるところ、聖人の御まへにて自他の是非を定むべきにて、この子細を申しあげければ、法然聖人の仰せには、「源空が信心も、如来よりたまはりたる信心なり、善信房の信心も、如来よりたまはらせたまひたる信心なり。されば、ただ一つなり。別の信心にておはしまさんとは、源空がまゐらんずる浄土へは、よもまゐらせたまひ候はじ」と仰せ候ひしかば、当時の一向専修のひとびとのなかにも、親鸞の御信心に一つならぬ御ことも候ふらんとおぼえ候ふ。

とあります。『御伝鈔』より後に書かれた『法然上人行状絵図』にも同じことが記されています。しかし、親鸞の名前はなく、阿波介《あわのすけ》の信心譚《しんじんたん》として記事しています。

登場人物

先の信行両座は聖覚、信空、法力房（熊谷入道）の三人が信不退の座で、三人は善信（親鸞）と同じく信心を正因とする、阿弥陀如来の救いで同じ領解《りょうげ》をしていました。ところが、今回は早くから念仏の教えを聞いていた兄弟子の正信房、勢観坊、念仏坊の三人です。当然にこの三人は師匠の法然が説いている専修念仏の真意を十分に理解していると思っていました。しかし、法然から専修念仏の教えを長い間に教えてもらっていたのにもかかわらず、信心の本質を理解していなかったのです。肝心な信心を理解していないことに、言いしれぬ驚きをかくせなかったのでありましょうか。

入西鑑察（第二幅下から四段目第四図。『御伝鈔』上巻第八段）

右の絵図は入西が親鸞の影像を残したいと願い、親鸞が許可をしている様子を描いています。左の絵図は定禅法橋が親鸞の影像を描いている様子を描いています。

不思議な感覚

ここで定禅法橋《じょうぜんほっきょう》が言っている「善光寺の本願の御房が阿弥陀如来の化身」ということが、私にはどうも腑に落ちません。どういう理由からこのように断言ができるのでしょうか。ここは現代人には理解し難いのではないかと思います。不思議な感覚としかいいようがありませんが。

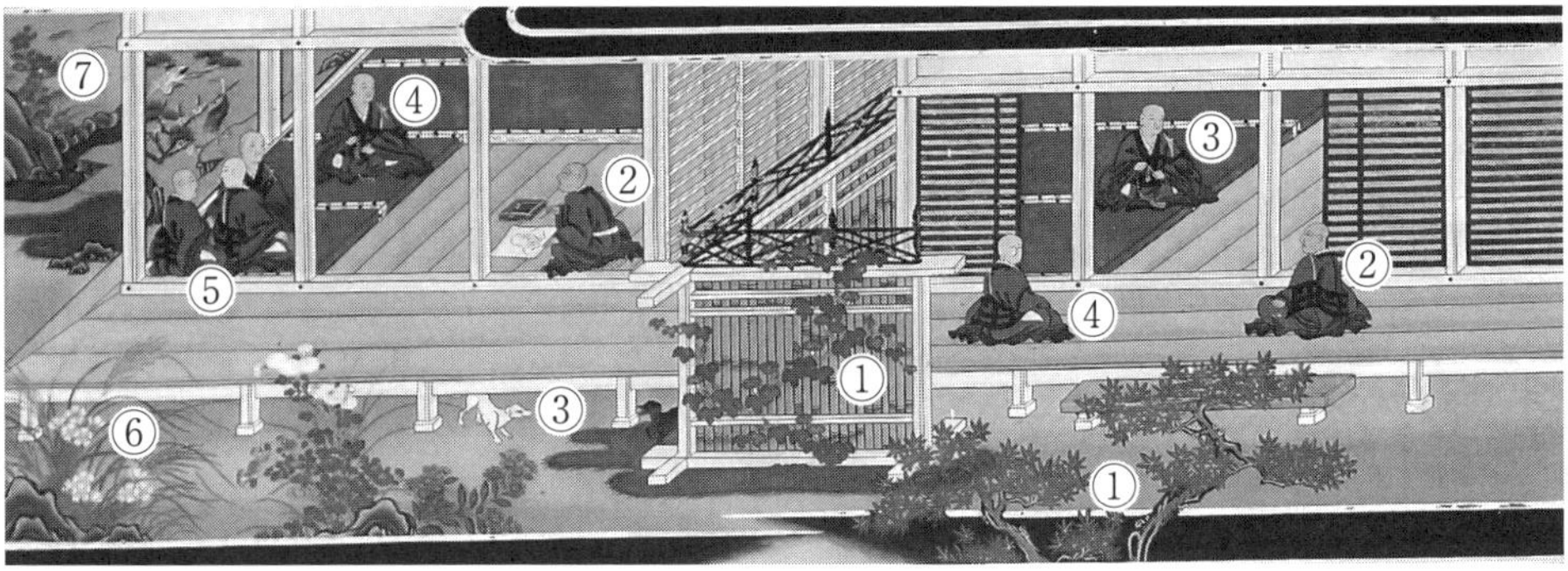

入西房に影像の図画することを許可する様子

①紅葉した楓
②入西房
③親鸞
④蓮位

定禅法橋が親鸞の影像を描いている様子

①朝顔
②定禅法橋
③戯れている犬
④親鸞
⑤入西や蓮位などの弟子
⑥菊
⑦桔梗《ききょう》

追加の謎

ここの一段は『善信聖人絵』にはありません。ここは後に増補・追加されたものです。仁治《にんじ》三（一二四二）年といいますから、親鸞が七十歳のときです。突如として、七十歳の時の出来事がここに配置されたのです。この増補・追加がいつおこなわれ、どうしてここに配置されたのかということを解明しなければ、この謎はとけないでしょう。どうしてこの場面がここに配置されたのか、その理由について言及しているものがあるにはあるのですが、いまだ納得のいく説明にであったことがありません。

入西について

入西という人物は不明です。『御伝鈔』の講録を読むと、ほとんどが唯円でないかという指摘をしています。その理由については、納得できるものはありません。性信房にあてた手紙の中に入西の名前がでてきますが、ここの人物かどうかは不明です。

一説には常陸国大門在住の道円といわれています。

描かれた影像は

現存の親鸞の御影は鏡御影《かがみのごえい》、安城御影《あんじょうのごえい》、熊皮御影《くまがわのごえい》の三点があります。かつて入西鑑察の御影が鏡御影でないかと言われたことがありましたが、今ではこの説は否定されています。西本願寺蔵の『善信聖人絵』に、「定禅問云、如何可奉写、本願御房答云、顔ばかりを可写、ことごとくは予可染筆也」という記述があります。これによると、この段で描かれた親鸞の面貌は定禅法橋が描き、他のところは本願御坊が描いたということになります。しかし、流布本《るふぼん》の『本願寺聖人親鸞伝絵』（『御伝鈔』）にはこの文言が省かれています。どうして省かれているのか、その理由について言及している人がいませんので、不明としかいいようがありません。

師資選譲(1)（第三幅の下から一段目第一図。『御伝鈔』下巻第一段）

承元元〔一二〇七〕年に、専修念仏の禁止が沙汰されました。その時の御所門前の様子を描いています。治承二（一一七八）年に内裏《だいり》が火災にあいました。この念仏停止の触れがでた時の内裏は普請中でした。仮内裏として五条大納言邦綱卿の別荘があてられていました。しかし、ここに描かれているのは禁裏陽明門《きんりようめいもん》の様相です。親鸞三十五歳、法然七十五歳の時でした。

承元の法難

念仏停止《ねんぶつちょうじ》の沙汰の背後には、南都北嶺《なんとほくれい》の既存寺院の危機感と不安がありました。南都北嶺の仏教界は、大衆が念仏の教えに日ごとに引き寄せられている現実をまのあたりにして、いいえぬ不安と危機感を募らせていたのです。それは「七箇条起請文《しちかじょうきしょうもん》」

公卿が南都北嶺の申したてを奏上している様子

①桜と柳
②取り締まりから逃げている門弟
③念仏停止の訴えを奏上する公卿（六角前中納言親経卿《ちかつねきょう》）
④公家や武士、稚児の供人
⑤取り締まっている検非違使《けびいし》の役人
⑥検非違使《けびいし》の役人（周防判官元国）
⑦取り締りを監視している五位法師

公卿が検非違使に念仏停止を沙汰している様子

⑧念仏停止の沙汰を受ける検非違使（佐々木三郎）
⑨念仏停止を沙汰する公卿（六角前中納言親経卿）
⑩公卿の供

とか「興福寺奏上《こうふくじそうじょう》」などから知られます。「念仏の教えを信じる人が多いと国家が乱れる」と、愚にもつかないことを言い出して、専修念仏が広まるのを禁止する沙汰を出すように執拗に抗議活動をして朝廷に迫っていました。

南都北嶺の仏教界の圧力と専修念仏信仰者への対処をどうしたらいいのかと、朝廷は頭をかかえていました。そんな時でした。住蓮と安楽が鹿ケ谷《ししがだに》で称名念仏の法会《ほうえ》を開催し、多くの老若男女が参加したのです。これまでは仏教界内部の問題には、政治が介入すべきでないという朝廷の姿勢でした。しかし、社会的な影響を無視することができなくなりました。また、後鳥羽上皇（太上《だじょう》天皇）が寵愛していた女官二人が出家したことが、上皇の激怒にふれて念仏弾圧のひきがねとなったといわれています。

既存の仏教界や朝廷がおそれたのは、すべての人が救われる念仏の教えが、既存の価値観や体制を根底からくずしかねない民衆のエネルギーとなっていることでした。朝廷は南都北嶺の仏教界が提出した奏上の本質を深く問うことがありませんでした。この承元の法難は、ただスキャンダルを口実にした念仏禁止令としかいいようがありません。この承元の法難について、親鸞は『教行信証』（化身土巻）に激しい口調で理不尽さを批判しています。覚如は『御伝鈔』に親鸞の言葉をそっくりそのままに伝えています。

※この五条内裏の門前には念仏停止の立札があったはずです。覚如はたとえ画中であっても描くことは憚りがあり、後の時代に禍根が残るのではないかと心配したのでないでしょうか。そうですから、念仏禁止を知らせる立札を略し省いているといわれています。

師資選諦(2)（第三幅の下から二段目第二図。『御伝鈔』下巻第一段）

京都御所の仁寿殿《じじゅうでん》で、専修念仏の停止《ちょうじ》について、九人の公卿が評定《ひょうじょう》している様子を描いています。

法難の結末

承元《じょうげん》の法難の結末を『愚管抄《ぐかんしょう》』と『勅修御伝《ちょくしゅごでん》』は、住蓮と安楽の死刑と法然の流罪のみを記しているだけです。ところが、覚如の『拾遺古徳伝』七と『歎異抄』の奥書に、「死刑……　性願、住蓮、安楽、正意。流罪……　法然（土佐）、親鸞（越後）、浄聞（備後）、澄西（伯耆）、好覚（伊豆）。行空（佐渡）、幸西（阿波）。預かり…　善慧（慈円預かり）」と詳しく記事して、罪名と名前が記されています。

不思議なことに、法然に十八年も常随していた法然門下第一の弟子の法蓮房信空《ほうれんぼうしんくう》は

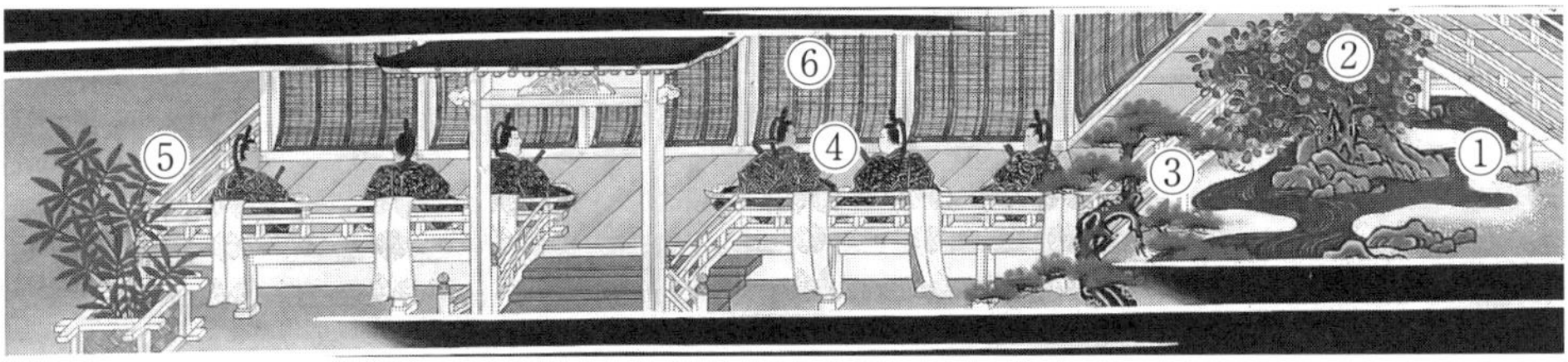

公卿が念仏停止の詮議している様子

①御溝水《みかわみず》

②橘

③松

④評定を詮議している公卿

⑤淡竹が植えられた呉竹《くれたけ》の台

⑥御簾のなかに土御門天皇

この事件のどこにもみあたりません。また、法然のご臨終の前に『一枚《いちまい》起《き》請文《しょうもん》』を授けられたという勢観房源智はなんの咎めもうけずに活発な活動をしています。法難では善慧房証空は慈円がひきとったので、証空は実刑をまぬがれています。死刑の四人のうち安楽は安楽房遵西で『選択集』の執筆した人の一人です。他の三人はどんな人物であったかは不明です。

師資選譪(3)（第三幅の下から三段目第三図。『御伝鈔』下巻第一段）

法然が配所の土佐にむかうため、輿《こし》に乗ろうとしている様子を描いています。

出立の場所

ここの場所はどこでしょうか。聖覚の『十六門記』と覚如の『古徳伝』には、山城国紀伊郡九条河原の法性寺《ほっしょうじ》の小御堂と記しています。現在の東福寺の前あたりにあたるそうです。この説が有力なのですが、小松谷《こまつだに》という説もあります。

別離の歌

江戸時代の法話を集めた談義本《だんぎぼん》があります。そこに親鸞と法然が今生最後の別れに歌のやりとりがあったと伝えています。事実かどうかわかりませんが、流罪になる直前の心情がひしひしと伝わってくる歌なので紹介しておきます。

〈親鸞から法然への歌〉

会者定離《えしゃじょうり》かねてありとききしかど　昨日今日《きのうけふ》とは思わざりしを

〈法然から親鸞への返歌〉

別れゆくみちははるかにへだつとも　宿りは同じ花のうてなぞ

見送りの弟子

安居院《あぐい》の聖覚をはじめとして、北山の顕真、竹谷の静厳、大原の本性、嵯峨の念仏房などの多くの弟子が法然を見送りにきています。

流罪のルート

法然は法性寺の小御堂から鳥羽の南門に着き、ここから讃岐まで船で行きました。配所は土佐国でしたが、七十五歳という高齢の法然には遠路なので、九條兼実が「土

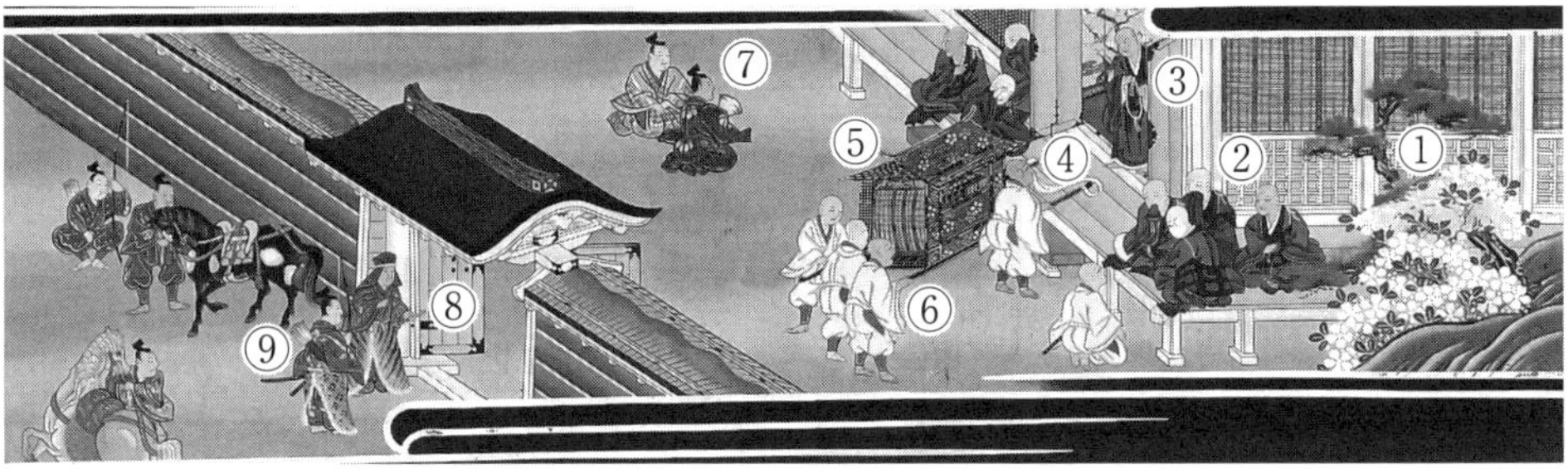

配流に出立している法然の様子

①松と桜

②別離を悲しむ法然の門弟

③法然

④法然常随の随蓮

⑤法然が乗る張輿《はりごし》

⑥力者法師

⑦法然に教化をうけた人たち

⑧追捕の検非違使（宗《そう》府《の》生久《ひさ》経《つね》）

⑨配所まで送る領送使《りょうそうし》（左衛門府生）

佐まではあまりはるかなる程なり、わが知行の国なればとて讃岐国へぞうつしたてまつられける（『法然上人行状絵図』）」といっています。形式的には讃岐まで流罪とするが、実際は讃岐国小松庄の生福寺にとどまったと伝えています。

もう少し、法然の流罪をみてみます。専修念仏停止の宣下が、建永二年（一二〇七）二月にだされました。先に禁止令の結末を『歎異抄』奥書からみました。ところが、慈円の『愚管抄』には、「ついに安楽、住蓮頸《くび》きられけり、法然上人ながして京の中にあるまじきにて、おわれにけり」と簡単に伝えているだけです。親鸞の名前も流罪にも一言もふれていません。慈円は安楽と住蓮が斬首され、法然が京都にいることを禁止して流罪になったということだけを伝えています。

鎌倉中期の『皇帝紀抄』に、法然が土佐に遠流となったとあるのですが、土佐への足跡は記していません。実際は慈円がいうように、法然は京都に住むことが禁じられたので、摂津の箕面《みのお》の勝尾寺《かつおじ》にとどまられたようです。一説では讃岐まで行ったが、同年十二月八日に許されて勝尾寺にとどめおかれたとも伝えられています。そして、京都に住むことが許されたのは、建暦元年十一月十七日で、翌年の正月十五日に八十歳でご往生されました。

還俗と流罪

僧侶は還俗《げんぞく》してから処分を沙汰するという慣例がありました。そこで朝廷から法然に藤井元彦《ふじいもとひこ》、親鸞に藤井善信《ふじいよしざね》という俗名が与えられました。

流罪の実際は

資料がなく、親鸞と法然以外の流罪の足跡は確認することができませんでした。そこで「実際に流罪地に行ったのは、親鸞と法然の二人だったのではないか」と、私は推測をしています。飛躍しすぎでしょうか。それならば、どうして時の権力者に目をつけられたのでしょうか。念仏禁止令は住蓮、安楽などの風紀上の紊乱《びんらん》に関連していることは明らかです。当時はまだ理解されていない妻帯僧の親鸞を監視対象にしていたのではないか。あるいは、一念義の信仰を実践していたので、すべての人は阿弥陀仏の本願に救われるという教えは危険だと、権力者が常日ごろから監視していたのではないだろうか。そこでみせしめに流罪にしたのではないかと推測をしています。

師資選譾(4)（第三幅の下から四段目第四図。『御伝鈔』下巻第一段）

親鸞が輿に乗って、配所の越後に出立される様子を描いています。先には法然の姿を描いていますが、ここの絵図には親鸞の姿は描かれてありません。

流罪のルート

伝承から親鸞の流罪ルートをまとめてみました。京都岡崎から蹴上《けあげ》の坂をのぼり、日岡峠をこえて近江逢坂《おうさか》の関を過ぎ、巳《み》の刻《こく》前に大津の打出《うちで》の浜に着いています。ここから琵琶湖を船で十八里先の海津の浦に行きます。ここからは配所に向かって歩きました。越前と加賀の国境の鋸坂《のこぎりさか》を越えるときに、「今頃、師匠さまは、どのあたりにおられるんだろうか」と涙を流されたという伝説が残っています。越中と越後の国境の親不知子不知《おやしらずこしらず》の険しい道をこえました。越後に入って頚城郡外波村《くびきぐんとなみむら》の大文字右近《だいもんじうこん》兵衛《ひょうえ》の案内で、難所を無事にこえることができました。こうして、外波村から小野浦にでて、八里の海上を船で赤岩に到着します。さらに越後の居多《こた》の浜に上陸して、装束をあらためて国分の配所に赴いています。

流罪

法然門下には多くの弟子がいたのに、どうして親鸞が流罪になったのでしょうか。ふと、そんな疑問がわいてきます。入門してから日が浅いのに、『選択本願念仏集』の見写することを許され、同時に法然の影像を描くことも許されました。上足《じょうそく》の弟子ではないのですが、その存在は法然門下の中で光を放っていたのでしょうか。でも、それだけで流罪になるものでしょうか。

最近の学説で、妻帯生活が流罪に影響したのではないかとみている論文があります。すなわち、承元の法難は妻帯を女犯とみて処罰されたのではないかとみているのです。妻帯の僧侶として在家生活をしていましたが、間違いなく救われていくというよろこ

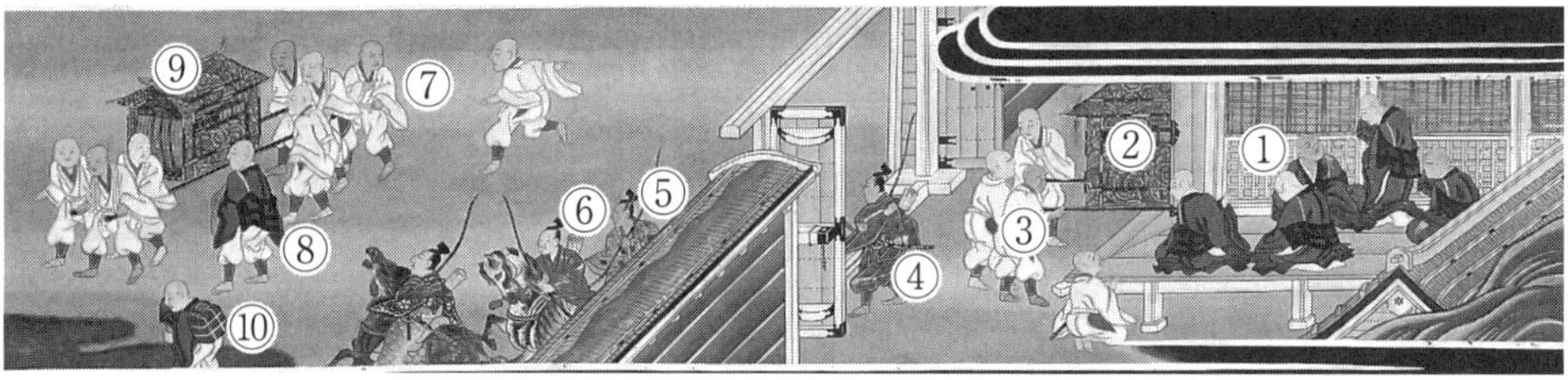

親鸞が張輿に乗り出立している様子

①別離を悲しむ同僚の僧たち
②親鸞が乗る張輿
③輿をかく力者
④九条兼実の付け人朝倉守善

⑤領送使（右衛門府生源秋兼《あきかね》）
⑥検非違使（宗府生《そうのふしょう》小槻行連《おつきゆきつら》）
⑦輿をかく力者
⑧随行の西仏房
⑨親鸞が乗っている張輿
⑩笈《おい》を担いでいる蓮位房

びの生活をしている人たちでした。その生きざまが僧侶としてあるまじき姿と、権力者や既存の特権階級の寺院から睨まれていたのではないだろうかという推測ができます。承元の法難の流罪は、一念義がもっている破戒的な側面を処罰の対象にしたといわれているのです。でも何故に親鸞だったのでしょうか。親鸞の結婚は越後時代だというのが通説ですが、承元の法難の本質を見極めるため、今からでも親鸞の結婚時期を見直すことが必要だと思いますが。

結婚

「行者宿報」の夢告によって、ただちに結婚したか、どうかは不明です。ただこの夢告を機縁として、結婚を意識しだしたのはまちがいないだろうといわれています。蓮悟の「日野一流系図」からみると、七人の子供に恵まれています。恵信尼の手紙から、第四子の明信《みょうしん》が生まれたのは、親鸞が三十九歳の時だとわかります。そこで「日野一流系図」の通りに子供が生まれたとすると、第一子ないし第二子の誕生は、流罪以前ということになってきますが。

また最近の研究によると、古代の法律「獄令《ごくりょう》」第十一条に、「流人として処罰を受けた者は、妻を同伴して配所におもむけ」という趣旨の規定があるそうです。とすれば、恵信尼との結婚は京都時代でないかという推測ができます。きっと既存の寺院や僧侶、権力者からこれまでの体制を乱している異端児と見られていたのかもしれません。今までは恵信尼との結婚は越後と推測されていますが、結婚の時期をはっきりと断定できていないのが現状です。

越後のどこに

配所は越後国の国府とあります。親鸞は越後に着いて、居多《こた》の浜《はま》に上陸し、五智国分寺の境内に住んだと伝えられています。しかし、当時この地に国府があったかどうか、その存在に疑問が今なげかけられているので、現時点では流罪地がどこであったのかを限定することは難しいといわざるをえません。

流罪生活

伝承によると、建永二年三月二十八日に、直江津《なおえつ》の越後国の国府に到着しています。郡代の荻原民部敏景《おぎわらみんぶとしかげ》(「親鸞聖人門侶交名帳」に記載の越後の門弟は覚善一人です。してみると、荻原民部敏景は親鸞の最初の弟子となった人といえます)のもとに出頭しました。流罪人の生活は一日米一升《いっしょう》、塩一勺《いっしゃく》の支給というきびしいものです。それも一年が経つと停止される決まりなので、自給自足の生活をしなければなりません。

親鸞は農作の経験がありません。どうして流罪生活を過ごせていたのでしょうか。当然庇護者がいたと想像されます。きっと荻原民部に多大な後援を受けていたのではないでしょうか。四月七日に荻原民部の館である竹《たけ》の内草庵《うちそうあん》に移り、およそ一年を過ごしました。翌年の春に荻原民部や国分寺住職の好意で、少しはなれた竹《たけ》ガ前草庵《さきそうあん》に移っています。

非僧非俗

越後時代の生活が、どのようなものだったか、記録がないので知りえません。「僧にあらず俗にあらず。このゆゑに禿《とく》の字をもって姓とす」（『教行信証』）という、愚禿《ぐとく》親鸞《しんらん》として非僧非俗《ひそうひぞく》の生活をしていました。非僧とは処罰されて僧籍をうばわれ、僧でなくなったということです。非俗とは世俗の職業をもって世渡りしていないということです。この非僧非俗の生活は、これこそ親鸞が辿りついた念仏者の浄土往生の仏道でした。流罪の体験から到達した阿弥陀如来の無条件の救いの中で生きる道です。在家生活がそのまま仏道となる生き方は、今までにない親鸞の新境地といえます。親鸞は禿《とく》を姓とし、さらには禿のうえに愚《ぐ》の字をつけて愚禿親鸞と名のり、阿弥陀如来の救いの中で念仏生活の道をきり拓いたのです。

稲田興法（第三幅の下から五段目第五図。『御伝鈔』下巻第二段）

右の絵図は常陸に向かう途中の下野国室《しもつけのくにむろ》の八嶋《やしま》を越えていく様子を描いています。

左の絵図は稲田の草庵に集る人々を、教化している様子を描いています。

新天地を求めて

越後に流罪になってから五年が過ぎ、親鸞は三十九歳になっていました。順徳天皇の建暦元（一二一一）年十一月十七日に流罪赦免《しゃめん》の通知がありました。それから、しばらく越後で過ごしています。やがて四十二歳になった親鸞は、建保《けんぽう》二（一二一四）年に、京都に帰らず新天地を求めて、関東の常陸へ旅立ちました。

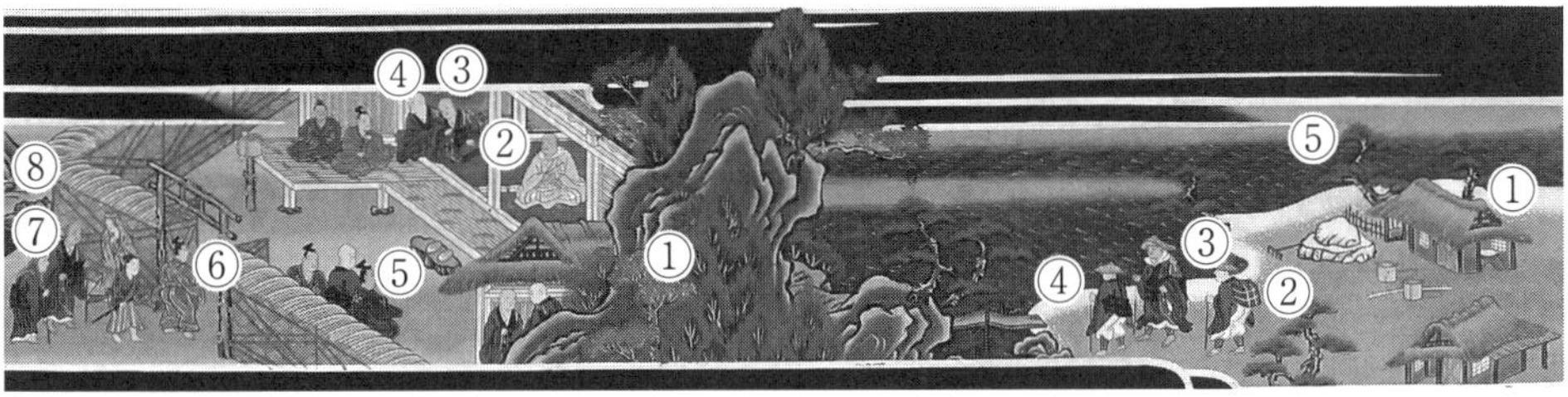

越後から常陸に向かっている様子

①塩を焼く小屋
②蓮位房
③親鸞
④西仏房
⑤日本海に面した越後の沿岸

稲田草庵での教化の様子

①筑波山
②親鸞
③西仏房
④性信房
⑤参詣の人びと
⑥門を入る武士や尼僧
⑦見返《みかえ》り橋
⑧吹雪谷《ふぶきだに》の流れ

関東移住の理由

親鸞の没後九十五年に著わされた『最須敬重絵詞《さいしゅきょうじゅうえことば》』に、関東に移住の理由を「事の縁ありと東国にこえ……」と簡単に述べています。この「事の縁」について諸説があります。

(1)『親鸞と東国農民』（笠原一男）に、恵信尼の実家である三善家の所領が関東にもあったので、その伝手《つて》をたよって移住したのではないかと推測しています。

(2)『親鸞』（赤松俊秀）に、常陸稲田の領主笠間時朝《かさまときとも》が仏教信仰があつく、宋版の一切経を購入したという噂を聞いて心がうごいたと推測しています。しかし、北条時朝が一切経を購入して鹿島神宮に奉納したのが、関東移住から四十年以上も後のことと判明しました。そこで今日では採用されていません。

その他に服部之聡と梅原隆章は、北陸農民が常陸国に移住するのにあわせて移住したと推測しています。ほかに松野純孝の『親鸞　その生涯と思想の展開過程』に、親鸞が善光寺の勧進聖であったのではないかという推測をしていますが、最近はこの説が有力視されているようです。しかしながら、関東移住の理由を限定することができません。

自力の壁

建保二年（一二一四）、越後から常陸にむかっている途中の上野国《こうずけのくに》の佐貫《さぬき》に滞在したときの出来事を恵信尼は手紙に記しています。それは親鸞が人々の幸せを願って、浄土三部経を千部読経しようと思いたったことです。浄土往生への行には五正行《ごしょうぎょう》（読誦、観察、礼拝、称名、讃嘆供養の五つの行）があるのですが、法然は五正行のなかから称名の行を選び、称名こそが浄土往生の仏道だと説きました。それを思い出して千部読経を中止して、常陸をめざして行きました。

それから十七・八年後の寛喜《かんぎ》三年（一二三一）四月四日、風邪のために発熱して苦しんでいたときのことです。発病二日目に「『大経』をたえまなく読み、目を閉じても経文がはっきりと見えてきたが、「自力の行への執着がなかなかぬぐいさることができないと知られた」と、夫が話したと恵信尼が手紙に書いています。

門弟の数

親鸞在世中の念仏者の正確な数は把握できません。しかし、手紙と「親鸞聖人門侶交名帳《しんらんしょうにんもんりょきょうみょうちょう》」から、門弟の名前を拾うことができます。「親鸞門侶交名牒」には常陸に二十八人、下総《しもふさ》に五人、下野《しもつけ》に五人、武蔵に一人、陸奥に七人、越後に一人、遠江《とおとうみ》に一人、京都に八人が記載されてあり、あわせて四十八人の名前がでています。加えて、手紙にでてくる門弟の名前を拾うと、門弟数は百人近くになります。

田植え歌の伝承

茨城県水戸市に平太郎開基の真仏寺があります。平太郎が二十二歳のとき、四十六歳の親鸞から十字名号と「五劫思惟の苗代《なわしろ》の歌」（田植え歌）をいただいたと伝承されています。教えが簡明に伝わってくるとてもありがたい歌なので紹介しておきます。

五劫思惟《ごこうしゆい》の苗代に　兆載永劫《ちょうさいようごう》のしろをして
一念帰命の苗を植え　念々称名の水をかけ
雑行雑修《ぞうぎょうざっしゅ》の草をとり　往生の秋になりぬれば
このみとるこそうれしけれ
南無阿弥陀仏　南無阿弥陀仏
建保六年五月十三日

大部平太郎とのへ　　授与之

弁円済度（第三幅の下から六段目第六図。『御伝鈔』下巻第三段）

右の絵図は山伏が親鸞を待ち伏せする様子を描いています。門の中の右絵図は弁円と親鸞が対面している様子を描いています。左の絵図は親鸞に弟子入りしている弁円の様子を描いています。

明法房（弁円）の往生

弁円（法名は明法）が亡くなったことを聞いた親鸞は、「親鸞聖人御消息」の二通目、三通目、四通目、五通目に、弁円がまちがいなく浄土に往生できたことを確信して、弁円の往生を心からよろこんでいます。その手紙には「かへすがへすうれしく候ふ」（二通目）とか、「うれしく候ふ」（三通目）と、「めでたきことにて候へ」（四通目）、と書いています。これはまちがいなく明法坊が浄土に往生したことを確信しているから

待ち伏せしている山伏の様子

①親鸞を待ち伏せる山伏
②紅葉《もみじ》
③草庵に乗り込もうとする弁円

弁円と親鸞の対面の様子

①弁円
②弁円を迎える親鸞

弁円が弟子入りをしている様子

①捨てられた弓矢と太刀
②弟子入りをする弁円
③親鸞
④蓮位房
⑤西仏房

です。何よりも念仏の教えにであえた弁円の往生を心からよろこんでいるのです。とりわけ四通目の「ただ願力にまかせてこそおはしますことにて候へ。ましておのおののやうにおはしますひとびとは、ただこのちかひありとききて、南無阿弥陀仏《なもあみだぶつ》にあひまゐらせたまふこそ、ありがたくめでたく候ふ御果報にては候ふなれ」というところは、念仏者の真骨頂が伝わってきます。

僧撲の『伝絵大意』

僧撲《そうぼく》の『伝絵大意』は、『御伝鈔』上巻を自利、下巻を化他を説いていると言っています。下巻の第一段から第三段までは、『報恩講式』でいう真宗興行の徳にあたり、第四段と第五段は本願相応の徳にあたり、第六段と第七段は滅後利益の徳にあたると解釈をしています。この弁円済度は邪見疑謗《じゃけんぎほう》の人が、改悔回心《かいげえしん》して正しい道に帰依する姿を描いたところであり、それは、末代まで邪《じゃ》を棄《す》てて真実の道に入るべきことを示していると説明をしています。

※東国地方は古来から修験道《しゅげんどう》がさかんな土地でした。加波山・吾国山・岩間山・筑波山などは、その霊地として有名でした。稲田に近い板敷山は、山伏修験者の往還《おうかん》の山でした。親鸞が常陸に念仏の教えを弘めるにつれ、人々が修験者から離れていきました。そこで弁円を頭領とする山伏の徒党が、板敷山に呪詛《じゅそ》の護摩壇《ごまだん》を設けたり、調伏の修法を行っていました。が、なんの効験もなく、ついには親鸞の殺害を企てて、山道に待ち伏せしていたことが、この背景にありました。

箱根霊告（第四幅の下から一段目第一図の右図。『御伝鈔』下巻第四段）

右の絵図は箱根権現の神官が、帰洛途中の親鸞一行を迎えている様子を描いています。

帰洛

鎌倉幕府が北条政子の十三回忌に一切経の書写を行いました。『口伝鈔』八章に親鸞がその校合《きょうごう》に参加したことを伝えています。この時の北条時頼《ほうじょうときより》が九歳といいますから、校合が行われた文暦《ぶんれき》二年（一二三五）は、親鸞の六十三歳にあたります。それから京都に帰ったのですから、六十三歳以後の帰洛になります。なお、蓮如の孫・顕誓が書いた『反故裏書《ほごのうらがき》』に親鸞が六十歳のときに箱根山をこえて上洛したとあるので、古くから帰洛は六十歳だという説が伝えられてきています。でも、一切経校合のこと

神官の出迎えをうける親鸞一行の様子

①箱根権現の神木
②箱根権現の拝殿
③箱根権現の神官（上原靭負《ゆきえ》）
④親鸞
⑤西念房あるいは顕智、専信房、性信房か。
⑥蓮位房
⑦箱根山

平太郎が親鸞を訪ねている様子

①平太郎
②蓮位房
③親鸞

を考えて、いつまでも六十歳帰洛説にこだわらず、ここらで六十三歳以後と改めてもいいのではないでしょうか。

帰洛の理由

関東から京都に帰った理由を推測している諸説があるのですが、これだという定説はありません。

神官の饗応

箱根権現の伝承は古くからあり、これに近い事実があったと推測されます。これは歴史的事実だと指摘している論文（峰岸純夫の「鎌倉時代東国の真宗門徒」）があります。覚如は当時の伝承にもとづいて『御伝鈔』を書いているはずです。ただ、箱根権現の神官がどういう理由で、親鸞一行を歓待したのかを記していません。聖典セミナーで平松令三は、その理由はすでに忘れられていたからでないだろうかと推測をしています。

※専修念仏の教えが人々にうけいれられてゆくには、当然に起こってくる問題があります。それは既成仏教との相克であり、もうひとつの問題が神祇との関係をどのように調和していくかということです。既成仏教ははやくから神仏習合・本地垂迹の道を辿ってきています。浄土真宗でそのことを具体的にとりあげたのが、この箱根霊告と次の熊野霊告です。

熊野霊告（第四幅の下から一段目左図と二段目第二図。『御伝鈔』下巻第五段）

先の一段目左図は大部《おおぶ》の平太郎《へいたろう》が、五条西洞院に住んでいる親鸞を訪ねて、熊野権現への代参を相談しているところを描いています。そして、ここの二段目の絵図は平太郎が熊野権現の参籠所で夢想を感得している様子を描いています。その上の絵図は熊野権現本殿の証誠殿《しょうじょうでん》の様子で、平太郎の夢想の内容を描いています。

平太郎の熊野詣

平太郎の熊野権現の参詣は、『親鸞聖人御因縁並真仏源海事《しんらんしょうにんごいんねんならびしんぶつげんかいのこと》』（『真宗資料集成』七）にも記されています。この記述は『御伝鈔』よりも古い伝承を記しています。そこでこれは一考すべきと評価したのが、宮崎圓遵《みやざきえんじゅん》の『初期真宗の研究』です。

平太郎が熊野権現で夢告を感得している様子
①杉
②梅
③松
④平装姿で夢想を感得した平太郎
⑤参詣の案内をする御師《おし》
⑥領主の佐竹《さたけ》刑部《ぎょうぶ》左衛門《さえもん》末方《すえかた》
⑦領主の家臣

夢告の中で証誠殿の扉が開かれた場面の様子
①親鸞
②熊野権現
③橘

覚如の心を探る

ここは『御伝鈔』でもっとも長文です。神祇に対する考えを経典や高僧の著述を引用して述べています。親鸞の教えは神祇《じんぎ》不拝《ふはい》です。ところが初期の真宗教団が体裁を整のえている頃に、一般生活で信仰されている神祇問題という難しい問題に直面してきました。門弟たちの行動は神を軽視していると問題視されていたので、そんな状況を打開する指針を教団指導者に求められていたという背景があります。前の箱根権現の話はそんな状況のなかで語られ、さらにこの熊野権現の霊告はさらにすすんだ話に展開をしています。ここで覚如は親鸞の教えは神祇と相反するものでないことを知らしめたいと思って書きました。それは念仏の教えは決して神祇を軽視するものでなく、むしろ神祇から尊重されていることを強調しているのです。その根拠としたのが、当時の人々に受け入れられていた仏・菩薩を本地《ほんち》とし、神々を垂迹《すいじゃく》と考える本地《ほんち》垂迹《すいじゃく》説《せつ》の考えを導入しました。

覚如の生きた時代は、この本地垂迹説が一般的でしたので、人びとから何の不思議もいだかれずうけいれられました。この本地垂迹説は平安時代から明治時代まで広くいきわたっていた考えでした。この一段は浄土真宗の教えと神祇との調和をはかっているところです。

洛陽遷化(1)（第四幅の下から三段目第三図。『御伝鈔』下巻第六段）

右下の絵図は上洛の門弟たちと面談している様子を描いています。中央上の絵図は親鸞の臨終の様子を描いています。左の絵図は棺をおさめた輿が、葬送場に向かう様子を描いています。

右下の絵図

「御絵伝」は『御伝鈔』の内容に対応して描いています。ところが、不思議なことにこの場面に相当する『御伝鈔』の文言《もんごん》がありません。康永本の『親鸞聖人伝絵』に初めてこの絵図が描かれてから、それ以降の「御絵伝」にはこの場面を描くようになったそうです。ただし、絵図の説明をしている文言の追加はありませんでした。

親鸞が門弟と面会している様子

①蓮位房
②門弟と面会している親鸞
③専信房専海あるいは益方入道か
④顕智
⑤見舞いの門弟

ご往生の様子

①尋有あるいは専信房か
②親鸞
③益方入道あるいは顕智か
④縁側の女性は覚信尼か
⑤白梅

輿に棺をのせて荼毘所に出発する様子

①松明《たいまつ》をともして道案内の僧
②輿を運ぶ力者
③薪を運ぶ人
④棺をのせた輿
⑤供をする門弟たち

遺言状

ご往生直前の十一月十二日の手紙（「親鸞聖人御消息」三十六通目）が、親鸞の遺言状といわれています。ここに「最後のお願いに覚信尼と即生坊に今まで通りに送ってほしい」と、お願いをしています。（この親鸞の最後の願いをうけとり、即生房の生活を保証したのが順信だといわれています）親の切ない気持ちが伝わってきます。

ご臨終

親鸞の体調がすぐれず回復が難しいと感じた実弟の尋有は、遠江《とおとうみ》池田《いけだ》の専信に手紙を書きました。その手紙におどろいた専信は、下野《しもつけ》高田《たかだ》の顕智に使いを送って相談して、二人そろって京都に見舞いにやってきました。この見舞いができたから、親鸞の臨終を看取ることができたのです。また、老齢の恵信尼の代わりに越後から見舞いにきていた善性（益方入道）も、父・親鸞を看取ることができました。

ご臨終を看取った人を調べたのですが、すべての人名を記事したものがありません。いろいろな資料をつきあわせると、次の七人か八人に限定してもいいだろうと推測をします。親鸞の臨終を看取った人は(1)実弟の尋有、(2)子息の善性（益方入道）、(3)末娘の覚信尼、(4)門弟の下野高田の顕智、(5)門弟の遠江池田の専信、(6)常随の弟子の蓮位、(7)在京門弟の沙弥尊蓮、沙弥宗綱、賢阿、善覚、浄信のうちの誰かと推測できます。

往生の地

帰洛後に親鸞は五条西洞院にしばらく住んでいました。ところが、八十三歳の建長七（一二五五）年十二月十日に火災にあいました。そこで善法坊に仮住まいすることになりました。悲しいことはまだ続いています。翌年の建長八年五月二十九日に善鸞を勘当し、その旨を門弟たちに通告（「親鸞聖人御消息」九通）しています。

弘長二（一二六二）年十一月二十八日（太陽暦一月十六日）の未剋《ひつじこく》（午後二時）、九十歳で、実弟の尋有が住職している善法坊《ぜんぽうぼう》で往生しました。この場所は押小路《おしこうじ》南ですが、これは東西の通りで二条通りと三条通りの間にありました。万里小路《までのこうじ》東は左京区の富小路《とみのこうじ》西の南北の通りです。現在は柳馬場通《やなぎのばんばどお》りあたりです。つまり、『御伝鈔』に示す善法坊は三条富小路にあったことになります。その後に善法坊は消失しています。

本願寺二十世広如《こうにょ》が、学僧の宗純《そうじゅん》に命じて善法坊の場所を調査させました。そして、善法坊の場所を特定しました。宗純は『帝王編年記』によって、朱雀大路の西側の山ノ内とよばれる場所が、善法坊が存在していた場所であるとつきとめました。しかし、そこは善法坊の跡形もなく相国寺領となっていました。広如はここを往生の場所と正式に定め、この土地を購入して安政四年にここに寺院を建てました。これが現在の角《すみの》坊《ぼう》です。

ところが、東本願寺は、長安を王城のある京都全体の総称と解釈して、善法院を本願寺と違う場所を往生の地と指定しました。つまり馮翊《ふよく》を左京区と解釈して、押小路万小路東を探しだしました。そこは善法坊の跡地に建立したという伝説が残っている法泉寺です。現在の京都市中京区の柳池《りゅうち》中学校《ちゅうがっこう》の中庭あたりです。このようにご往生の善法坊がどこにあったのかは、このように二説があります。しかし、確定的な資料がありません。どちらが正しいかにこだわるのは不要なことでありましょう。

なんの奇瑞もなし

父を看取った覚信尼は、父親はありがたい念仏者であったので、臨終にはさぞ不思議な奇瑞がおこると思っていました。しかし、なんの奇瑞もありませんでした。奇瑞がないことを不思議に思った覚信尼は、母の恵信尼にこのことを手紙で尋ねています。これについて、「恵信尼消息」一通目に、

されば御りんずはいかにもわたらせたまへ、疑ひ思ひまゐらせぬうへ、おなじことながら、益方も御りんずにあひまゐらせて候ひける、親子の契りと申しながら、ふかくこそおぼえ候へば、うれしく候ふ、うれしく候ふ。

と、「主人の臨終がどのようなものであっても、浄土への往生はまちがいないとかたく信じています」と、往生浄土した主人を思って、確信にみちた返信を娘にしていま

す。浄土真宗の念仏者は臨終の善悪にかかわりなく、いつも阿弥陀如来の摂取の光明につつまれている日常生活だから、かならず阿弥陀如来の浄土に往生することができるというのが親鸞のよろこびでした。浄土真宗の信仰は臨終に起こる不思議な奇瑞よりも、阿弥陀如来の浄土に往生できることのほうがよろこびだとする生き方を貫いた親鸞でした。

洛陽遷化(2)（第四幅の下から四段目第四図。『御伝鈔』下巻第六段）

親鸞の火葬の様子を描いています。

火葬場

京都市東山区五条坂の、今の大谷本廟あたりを鳥辺野《とりべの》といっていました。ここにあった火葬場の延仁寺で葬儀をしました。鳥辺野の延仁寺は中世の代表的な葬送場といわれています。延仁寺のどこで火葬がおこなわれたかは不明なので、今は東・西本願寺がそれぞれに荼毘所址《だびしょあと》を指定して保存をしています。

炎の向き

江戸時代半ば以降の「御絵伝」には、火葬の炎が向かって左方向になびいています。

つまり西の方角になびいて描かれているのに気づきます。どうして火炎がこのように西方へと描かれるようなったのか、その定かな理由はわかりません。絵表所《えひょうじょ》で描いているのですが、絵師たちが西方浄土に帰っていかれているという思いから、このように描いているのかもしれないという人がいます。

納骨

鳥辺野の北大谷に墳墓をつくり納骨しました。知恩院の御影堂の東にあり、山の斜面にあったそうです。木の柵で囲った方形の土壇の上に石の笠塔婆をたてた簡素なものでした。

※『改邪鈔《がいじゃしょう》』に、「本師聖人の仰せにいはく、某閉眼せば、賀茂河にいれて魚にあたふべしと云々」という親鸞ご持言の言葉を紹介しています。今日の葬送風景からは想像できない質素な火葬風景です。この情景から「仏法の信心を本とし、喪葬を一大事とすべきにあらず」という覚如の心が伝わってくるようです。

鳥辺野の荼毘所に向かう様子
①祇園社の犬神人《いぬじにん》（宝来）
②供の門弟
③棺をのせた輿
④松

荼毘をしている様子
①門弟たち
②火葬をおこなっている人
③荼毘の炎

廟堂創立（第四幅の下から五段目第五図。『御伝鈔』下巻第七段）

墓所の大谷廟堂ができあがった様子を描いています。

墓所

老後の親鸞を介護しながら、臨終を看取ったのが末娘の覚信尼です。覚信尼は又《また》従弟《いとこ》の日野広綱《ひののひろつな》と結婚していましたが、早く夫と死別しました。それからは、越後に住んでいる母の恵信尼から親鸞の介護を託されたのでしょうか。夫との死別後からは、親鸞の臨終まで身辺の世話をしていました。そして、親鸞ご往生の後に小野宮禅念《おのみやぜんねん》と再婚しています。覚信尼は小野宮禅念の同意をえて、買い求めていた土地に、親鸞の墓を移転することにしました。小野宮禅念の土地はお墓から西の方に山をおり、吉水の北あたりにありました。場所は現在の知恩院山門の前を北へ少し行ったあたりです。

大谷廟堂の様子

①白梅

②覚如（あるいは浄賀とも、覚恵ともいう）

③廟堂と影像

④紅梅

今は崇泰院《すうたいいん》という浄土宗のお寺になっています。面積は百四十四坪でした。

墓所から本山本願寺に

親鸞のご往生の後、京都東山の麓の鳥辺野の北、大谷に墓所をつくり納骨しました。この墓所は木柵で囲んだ方形の土壇の中央に石造りの笠塔婆《かさとうば》をたてた簡素なものでした。この墓所を整備する計画がたてられました。親鸞の没後十年目の文永九年に、大谷の西、吉水の北に住んでいる覚信尼の土地にお堂をたてて、ここに遺骨を移しました。このお堂を大谷廟堂《おおたにびょうどう》といいます。この廟堂は関東門弟たちの協力をえて建てることができました。しかし、土地は覚信尼の所有地だったので、覚信尼はこの土地を大谷廟堂に寄進しています。そして、大谷廟堂の守護、のちの留守職《るすしき》に覚信尼みずからがあたり、それ以後は子孫が関東門弟の承認をえて就任することを、関東の門弟ととりかわしています。大谷廟堂の敷地が手狭であったので、永仁四年（一二九六）に南隣の土地を購入してから面積は二八八坪になりました。この土地の譲渡書類に、「善信聖人御影堂の敷地」として売り渡す旨が記してあります。これが御影堂という名称の初見です。延慶《えんきょう》（一三〇九）二年に御影堂の留守職をめぐって、異父兄弟の覚恵（日野広綱と覚信尼の子）と唯善（小野宮禅念と覚信尼の子）の間で紛争がおこりました。この紛争で、大谷廟堂の遺骨と影像がもちさられ、墓塔と堂舎が破壊されました。紛争が収まると、門弟たちが復旧に着手し、二年後の応長《おうちょう》元年に影像と堂舎と庵室の再建をしました。覚恵から留守職をうけついだ覚如は、堂舎再興の翌年の正和元年に、御影堂に専修寺の寺号額をかけました。ところが、比叡山衆徒から寺号の反対にあい、専修寺《せんじゅじ》の寺号額をとりはずしました。本願寺の名前がはじめて文献にでてきたのは、元亨《げんこう》元年（一三二一）二月に鎌倉幕府に提出した愁申状《しゅうしんじょう》のなかです。

ふりかえって本願寺の軌跡を簡単にみると、大谷廟堂は覚信尼の遺言によって、覚恵が留守職に就任しました。その後を継いだ覚如は、三代伝持《さんだいでんじ》の血脈《けちみゃく》（親鸞・如信・覚如）と法脈（法然・親鸞・如信）の二つをうけついでいるのは自分だけだと、『口伝鈔』のなかで三代伝持を強調して初期教団の基礎固めをしました。

時代が流れて、第七世存如の永享《えいきょう》（一四三八）十年に、御影堂に加え阿弥陀堂の両堂が建立されました。ここで今日見られる両堂が並立している本願寺に大きく発展しました。この東山大谷の本願寺両堂をはじめ建物が、第八世蓮如の時に比叡山の衆徒によって破壊されました。蓮如はその後の文明三年に越前の吉崎に行き、文明七（一四七五）年の退去まで北陸教化に尽力しています。吉崎を退去してから、蓮如は河《かわ》内出口《ちでぐち》を拠点にして教化とともに本願寺再興に着手しました。京都山科《やましな》に御影堂、続いて阿弥陀堂も再建しました。

本願寺は次第に整備されてきたのですが、第十世証如のときに、幕府の権力者の細《ほそ》川晴元《かわはるもと》などによって、本願寺は焼失しました。そこで証如は寺基を京都から大坂の石山に移転しました。次第に本山としての体裁を整備しました。第十一世顕如のときに、大坂本願寺は火災によって堂舎がことごとく消失しました。翌年御影堂を新築し、阿弥陀堂は寄進により移築されました。ところが、覇権をねらう織田信長にとって本願寺が障害になり、両者は石山合戦とよばれる長い戦いをせざるをえませんでした。

十一年に及ぶ戦いの末に、天正《てんしょう》八年本願寺は石山を退去して紀伊《きい》鷺森《さぎのもり》に移るのですが、ここでも御影堂をはじめとする堂舎のすべてが炎上しました。

時が流れ、天正十三年に豊臣秀吉の土地寄進を得て、大坂天満《おおさかてんま》に移り両堂を建立しました。大阪天満に寺基を定めて六年。ところが、豊臣秀吉が天正十八（一五九〇）年に本願寺を京都に移すように指示してきました。そこで、顕如は京都の現在地に本山本願寺の寺基を移しました。江戸時代のはじめに東本願寺が出現してから、本願寺は西本願寺とよばれるようになり、長い歴史の流れともに、現在の本山本願寺として存在しています。

参照資料

(1) 平松令三著 『親鸞聖人絵伝』 本願寺出版社
(2) 田原慈雲著 『親鸞聖人御伝絵指説講話』 洗心書房
(3) 宮崎圓遵著 『本願寺聖人親鸞伝絵私記』 永田文昌堂
(4) 野田　普著 『親鸞伝絵随釈』 大谷派改観寺
(5) 岡村喜史監修 『絵物語　親鸞聖人御絵伝』 本願寺出版社
(6) 赤松俊秀著 『本願寺聖人伝絵序説』 大谷派安居事務所
(7) 沙加戸　弘著 『はじめてふれる親鸞聖人伝絵』 東本願寺出版
(8) 高松信英他著 『親鸞聖人伝絵』 東本願寺出版
(9) 拙著 『四幅の御絵伝　トラの巻』 探究社
(10) 拙著 『御伝鈔講讃』 永田文昌堂
(11) 拙著 『親鸞の生涯と教え』 法蔵館
(12) 拙論 「御絵伝から親鸞さまの生涯をたどる」 真宗公論第50号

著者紹介

鎌田宗雲（かまだ　そううん）
1949年岡山県に生まれる
浄土真宗本願寺派報恩寺住職
著書　『御文章解説』『御文章の豆知識』『蓮如上人』
『蓮如上人に学ぶ』『蓮如上人と御文章』『蓮如さま』
『末代無智の章』『あの御文章をもっと知るための本』
『阿弥陀仏と浄土の理解』『阿弥陀仏と浄土の証明』
『御伝鈔講讃』『親鸞の生涯と教え』『親鸞入門』
『親鸞の教え』『仏事と本願寺の話』『本願寺の故実』
『別冊太陽　親鸞』（共著）『真宗伝道の教材』
『みんなの法話』（共著）『七高僧と親鸞』
『月々のことば』（2003年、共著）『命をよぶ声』
『月々のことば』（2012年、共著）
『法味随想　一滴』『二度とない人生だから』など
住所　〒529-1213　滋賀県愛知郡愛荘町沖271

「御絵伝」の絵解き

令和３年（2021年）８月10日　第１刷

著　者　鎌　田　宗　雲
発行者　永　田　　悟
印刷所　㈱図書印刷　同　朋　舎
製本所　㈱吉田三誠堂
発行所　創業慶長年間　永田文昌堂
京都市下京区花屋町通西洞院西入
電　話　075（371）6651番
FAX　075（351）9031番

ISBN978-4-8162-6253-1 C1015